JN295040

幼稚園・保育園で楽しむ

身ぶり表現・ごっこあそび・劇づくり

山﨑由紀子

フォーラム・A

刊行によせて

　ここに発刊のはこびとなった「身ぶり表現・ごっこあそび・劇づくり」は、山﨑由紀子さんの50年以上にわたる乳幼児期の表現活動に関する実践と理論化について一つの区切りとなるものです。山﨑由紀子さんと私の出合いは、大阪保育研究所が幼児期の表現活動について実践者を中心に「劇研究会」を開くことになった時に参加していただいたことです。劇研究会は、生活発表会で取り組んだ「劇」の実践報告を主として検討することからはじまりました。当時は、多くの実践が衣装を着たり、舞台道具に凝ったりし、大人の演劇の幼児版と言ってもよいものでした。子どもにとっては、やらされているといった感じでした。
　山﨑さんも当時は大阪の公立幼稚園で勤務し、実践していましたので実践報告をしてもらいました。山﨑さんの実践は、身ぶり表現による幼児の劇づくりでした。子どもが自分なりにとらえ理解したことをイメージ化して表現していることに参加者はたいへん驚いたことが心に残っています。また、山﨑さんの実践は、幼児期の文学（「スーホの白い馬」「龍の子太郎」「エルマーの冒険」など）を子どもと一緒に読み取り、主人公の気持ちを感じ、それを身ぶりとして表現するところに特徴があります。そのために、取り上げる作品について保育者はしっかりと教材分析をしておくことが重要になっています。しかし、保育者の思うように子どもは表現するとは限りません。保育者の思いと子どもの表現したい思いがぶつかり合いながら身ぶり表現が生まれていくところに山﨑さんの実践の特徴があるように思います。子どもと子ども、子どもと保育者の双方向的なコミュニケーションによる保育が身ぶり表現の取り組みの中で生まれているといってもよいと思います。
　山﨑さんの劇の取り組みを見ると、これまでの幼児の劇の特徴であったはでな衣装やむずかしいセリフによる劇ではなく、衣装はできるだけ少なく、セリフも

劇にとって重要な言葉に限られています。子どもにとって衣装やセリフは表現の自由を制限しているように見えます。子どもがからだを通して表現する自由さと比較しても格段の違いがあります。身ぶり表現による劇が子どもを生き生きとさせる理由が子どもの自由さにあるように思います。

　このような山﨑さんや公立幼稚園に勤務していた坂本さんなどの実践の蓄積をビデオ視聴したり説明を受ける中で、参加者の中から「身ぶり表現」について学ぼうという要求が高まりました。（財）大阪保育運動センターでは保育専攻科を設けて一つのテーマを系統的に学習する講座を設けていました。講座の一つに「文学」を加えて「教材分析」「身ぶり」「劇づくり」を一連のものとして学習することになりました（現在も続いています）。山﨑さんは、そこでも講師として身ぶり表現の基礎から文学の教材分析及び劇表現への発展を自らの実践や他の保育者の実践を取り入れながら参加者とともにコースの充実に中心的な役割を果たしてきました。一方で、専攻科文学の受講者は、毎年、自らが生活発表会で取り組んだ「劇」を報告し、受講者による検討で失敗の原因や成功の理由を学びあい次の取り組みの力にしていきました。専攻科の講座の参加者を中心に「身ぶり表現」に取り組む保育者がだんだんと増えていき生活発表会では身ぶり表現による劇に取り組む園も一定の広がりを見るようになりました。

　専攻科には参加できないが身ぶり表現に取り組みたい人に向けて夏に2泊3日の合宿学習会（岡山県蒜山高原）があります。この研修会は、保育者が自ら子どもになって身ぶり表現を体験することで身ぶり表現を理解し、グループに分かれて教材研究からシナリオづくり、そして劇へと進めて、最後は各グループごとに発表会をします。保育者は、この研修会を通して身ぶり表現による劇を体験することで秋からの保育に意欲を持つことができるようです。

　山﨑さんは、大阪千代田短大でも専任講師（現在は非常勤講師）として保育者養成にかかわってきました。短大でも身ぶり表現の理論と実際について学生に講義および実技を指導してきました。学生も実技では最初は、恥ずかしがってなかなか取り組もうとしなかったようです。山﨑さんは、学生の気持ちを理解しながら身ぶりに一歩踏み出すように誘いかけ、一歩踏み出した学生を認めてやる気に

させてきたといいます。学生も最初は恥ずかしいので表現も小さく何を表現しているのかわかりにくい状態でしたが、何回か表現してみるとだんだんこころが解放されるようになったようです。こころが解放されるとどんどん自由に表現が生まれ楽しくなるようです。最後は、学生も身ぶり表現をすることが楽しくなったとのこと。身ぶり表現の取り組みは、青年期の学生にとっても意味のある活動であるのでしょう。劇発表会も行っています。学生は、自ら表現したことが相手に伝わるかどうかも実体験することになります。青年期は、言語によるコミュニケーションが中心の世界ですが、からだによるコミュニケーションの世界を体験することはコミュニケーションの多様性を知る上でもよい機会になっています。

　山﨑さんの実践を振り返ってみると、身ぶり表現によるコミュニケーションという人間のコミュニケーションの原点を追求してきた歳月であったし、保育の中で保育者と子どもがからだによる表現を楽しむことを大切にしてきた実践です。今回の出版は身ぶり表現を軸にしながらもその時々のテーマについて理論と実践を適切に組み合わせて構成しています。

　保育者が劇活動に取り組むにあたり、ぜひ、一読されることを望みます。

杉　山　隆　一（佛教大学）

はじめに

似てくるからだ

　人は泣き、笑い、手を動かし、足で歩き走りまわります。このからだの動きはそれぞれ人によって個性的であり特徴があります。誰一人同じ人はいないのですが、笑っている時や困った時の表情はお母さんそっくりであったり、手やからだの動かし方は身近な先生や友だちと似てきたりします。人は生まれてから今まで、人や自然などの環境に囲まれ、いろいろ変化するものを見つけて思わずまねをして学んできました。そのように変化する環境の中で自分の変化もとらえてきました。同様に子どもたちも動くものに興味をもち、思わず自分のからだを動かし、見たハチになったり電車になったりとよく似た身ぶりをします。

　なぜ、このように人は家族や先生や友だちに似るのでしょうか。見たもののまねをするのでしょうか。同じ家、同じ保育所で生活を共にし、一緒に遊んでいるからでしょうか。同じ環境にいることで、環境の中の情報や変化に対応する仕方をまねていくのでしょうか。

まねするからだ

　1歳になったころの子どもは、自分がおとなに食べさせてもらいながら、自分でスプーンを持っておとなに食べさせて喜びます。おなかがすいた時スプーンで食べさせてもらうという人間として生きていく生活の基本の繰り返しから、スプーンを持って食べたり食べさせたりするおとなのまねをしはじめます。おとなの模倣をしながら、自分でスプーンを持って食べることができるようになります。

　この、子どもがおとなに実際に食べさせる行為から、スプーンには何も入っていないのにおとなに食べさせるまねをするようになります。「こんなにして食べ

ているよね」と子どもは模倣しながら再現します。次には人形にも食べさせるあそびとなります。やがて、お家ごっこで赤ちゃんになっている友だちに食べさせるごっこあそびになります。

　このように、楽しんでおとなに食べさせる行為は、一人で食べられるようになると消えます。人形と遊んだり、お家ごっこに夢中になったりする期間は限られています。この環境の中で大きく変化する乳幼児期におとなは、どうすればよいのでしょうか。

みんなで身ぶり表現をして劇ごっこをする子どもたち

　環境をからだでとらえ、まねたり、○○になったつもりの表現をみんなでしあうことを身ぶり表現といいます。この身ぶり表現をしながら劇づくりをしてきた５歳児が園を修了していく姿に、表現する子ども集団の成長を見ることができます。生活発表会の後、５歳児のした劇を４歳児や３歳児がまねて劇ごっこをはじめます。劇づくりの途中経過をずっとお客さんになって見ていたからです。筋は知っていて台詞も覚えています。むずかしい台詞は５歳児が耳元で伝えます。園中の子どもたちが５歳児のした劇の劇ごっこであそびます。そして、４歳児は次の年は自分たちの劇づくりだと目標をもって取り組み、また後輩につなげています。（甲〆実践聞き取り　本書４章―８・９参照）

　本書では、このように異年齢児をも巻き込む楽しいあそびを創り出し、園の文化にしていく子どもとおとな（保育者）による想像・創造的保育を、実践を通して考えます。その保育の中心となる環境をからだでとらえて発展させていく身ぶり表現の意味や役割について明らかにしたいと思います。

　　　　　付記　小動物の表記を子どもたちが直接見たものはかたかなで、模倣したりおはなしに出てくる場合はひらがなにしています。

目　次

刊行によせて　　杉山隆一……………………………………………………3
はじめに………………………………………………………………………6

1章　環境と身ぶり表現 …………………………………………………15

1．子どもたちは環境をからだで発見し表現する　18

（1）からだで環境を見つける……0歳児　18
  * 自分のからだの発見
  * 予期するからだ
  * 模倣をしはじめるからだには想像が見られる

（2）散歩で見つけた環境とのあそび……1歳児　21
  * おうちの塀にあるみんなのおいす……見たて
  * 穴はふしぎ発見
  * 草の斜面でも這う、走れる自分のからだ発見

2．環境から身ぶり表現へ　自然は発見の宝庫　23

（1）見つけたものから身ぶり表現をする……1歳児　23
  * ちゅーりっぷのつぼみになる子ども
  * ちょうちょうや子どもになって、役の身ぶり表現
  * ダンゴムシさがしからだんごむしの身ぶり表現

（2）おはなしで広がる身ぶり表現の世界……2歳児　27
  * 怖いこともみんなで身ぶり表現をして乗り越える
  * 絵本の身ぶり表現『ころちゃんはだんごむし』から

（3）かたつむりの身ぶり表現をいろいろ工夫する……3歳児　30
  * かたつむりになった
  * かたつむりのかくれんぼ

（4）アサガオの芽　出てほしい……4歳児　32
  * あさがおのおはなしの身ぶり表現

（5）「雨はどこへいくの」　溝掃除する5歳児　　36
　　　＊「雨はどこへいくの」から生まれた溝掃除
　（6）トンボ池の自然　　39
　　　＊トンボが好きになった子どもたち
　　　＊トンボ池づくり
　　　＊ハンミョウを見つけたよ
　（7）環境と協調する子どもたち（子どもたちの発見する自然の変化）　　43
　　　＊身近な自然
　　　＊少し離れた自然
　　　＊遠く離れた自然

3．想像世界を拡大する身ぶり表現へ　　46

　（1）想像とは　　47
　　　＊身ぶり表現で想像し知覚する
　（2）身ぶり表現を構成する要素　　48
　　　＊身ぶりのはじまり
　　　＊ものを見たてる
　　　＊つもりになる　人見たてをする
　　　＊身ぶり表現のものがたり的な拡がり
　（3）想像力を発見、発展させる身ぶり表現　　52
　　　＊展開するごっこあそび
　　　＊環境から想像、創造へ

4．想像的な身ぶり表現と話し合いの進め方、拡げ方　　56

　（1）原身ぶり表現　　56
　（2）1歳児期の身ぶり表現　身ぶり表現の変化　　57
　（3）2歳児期の身ぶり表現　見たてつもりと結びつける　　58
　　　＊共通性と差異性について
　（4）3歳児期の身ぶり表現　　61
　　　＊だんごむしごっこをはじめた3歳児
　（5）4歳児期の身ぶり表現　　65
　　　＊かたつむりになってカタツムリが好きになる

（6）5歳児期の身ぶり表現　　67
　　　　＊創造的な保育を創り出しましょう
　5．創造世界を創り出す保育の連続性　　70
　　（1）保育の連続性　プロジェクト活動　　70
　　（2）イメージの世界を長続きさせるためには　　73
　　（3）身ぶり表現をしながらことばを豊かに　　74
　　（4）身ぶり表現をすることによって得られる力　　74
　　（5）身ぶり表現の助言のあり方　　75
　　（6）身ぶり表現のプロセスで考えるポイント　　76
　6．身ぶり表現の意義と役割　　77
　　（1）身ぶり表現の保育のはじまり　　77
　　（2）動くからだとイメージ　　78
　　（3）アフォーダンスと子どもたち 「姿」から変化を知る　　80

2章　身ぶり表現と文学（文学を深める身ぶり表現）　　83

　1．絵本と子どもの出会い　　85
　　（1）絵本の楽しさに流れ込む子ども　　86
　　　　＊表紙は絵本の扉
　　（2）絵本とは子どもの興味と共に変化するおはなし　　87
　　　　＊赤ちゃん絵本とは
　　　　＊赤ちゃん絵本の受け止め方は
　　　　＊幼児の絵本とは
　2．文学と身ぶり表現　　91
　　（1）おはなしの書き手であった広岡の果たした役割　　92
　　（2）直接経験からおはなしへ　　94
　　（3）直接経験から離れたおはなしの世界　　95
　　（4）保育の中での文学の三層構造　　96
　3．文学の教材研究　　98

（1）絵本教材の選択　　98
　　＊1冊の絵本は一つのおはなしでかいてあり、内容が動くもの
　　＊長年読み継がれているものを選ぶ
　　＊同じ内容の絵本は比較してみること
　　＊『あーんあん』が楽しい5歳児と短大生
　　＊絵本は子どもの願いがかなうもの
　　＊問題提起をする絵本を

（2）教材分析をする　　104
　　＊経験により、また経験を越える想像力を発揮する
　　＊文字にかくされている身ぶりを読みとる

（3）『おおかみと七ひきのこやぎ』の分析　　108
　　＊2歳児と4歳児の比較
　　＊『おおかみと七ひきのこやぎ』学生の教材分析
　　＊教材分析をした学生の感想

4．おはなしを身ぶり表現で楽しむ子どもたち　　126
（1）絵本から拡がる想像世界
　　　『ごろごろ にゃーん』の世界は楽しい！　　126
（2）文学で生きる力を学ぶ　　129

5．保育の中間報告　運動会を創る　　130
（1）運動会そのものを楽しみにする（見通しをもつ／計画する）　　130
（2）運動会はからだと想像する力を伸ばし、生きる力とする　　130
（3）運動会での「リズム表現（グランド劇）」　　131

3章　生活発表会での劇づくり（意味と取り組み過程）……133

1．生活発表会とは　　135
2．文学を劇にすることへのこだわり　　136
3．劇とは　　137
4．劇づくりのプロセス　　138
（1）クラスの課題を考え、保育者や子ども個々の課題を考える　　138
（2）題材選び　　139

（3）劇への導入　　142
　　（4）場面を広げる　　142
　　（5）おはなしのごっこあそびをする　　144
　　（6）小道具、大道具をつくって劇ごっこをする　　144
　　（7）おはなしの筋や登場人物の性格を知り、台詞をつくりだす　　147
　　（8）おはなしの中で楽しい祭りの場面をつくる　　148
　　（9）劇を進行させる（役割分担）　　149
　　（10）練り上げる（仕上げ期）　　150
　　（11）当日も保育　　152
　　（12）劇は保護者と共に創る　　152
　　（13）新たな創造　　154
　　（14）生活発表会を終えて　　155
　　（15）劇は生活の中へフィードバックしているか　　155
　　（16）保育者としてのまとめをする　　156

4章　身ぶり表現から劇づくりの実際　　157

1. 劇で演じる子どもたち　　159
2. 劇づくりの入り口『おむすびころりん』　　160
3. 1歳児のごっこあそび『さつまのおいも』の実践（古橋範子）　　162
　　＊つもりあそびをおとなと楽しく
　　＊土だらけのいもはいや
　　＊繰り返しおいもほりあそび
　　＊おいものおはなし
　　＊おいもをつくってごっこあそび
　　＊10人でひっぱるおおきなおいも
　　＊ひっぱってしりもちついた
　　＊アチチ、おいも
　　＊けむりと子どもの追いかけっこ
4. 2歳児のごっこあそびの実践（古橋範子）　　168
　　＊ばったになってつかまえっこ

＊どうして草いれるの
　　　＊ばったになる
　　　＊せんせい　おはなしのしじゅうからになる
　　　＊しじゅうからがこわいT君
　　　＊へびがでた　こわい

5．3歳児の劇づくり『おおさむ　こさむ』の実践（鳥居幸枝）　　176
　　　＊春からの保育は身ぶり表現で
　　　＊運動会で『とんぼのうんどうかい』
　　　＊劇づくり　題材『おおさむ　こさむ』

6．4歳児の劇づくり『やまんばのにしき』の実践（山﨑由紀子）　　183
　　　＊場面あそび
　　　＊むかしむかしについて話し合う
　　　＊がらが来る
　　　＊誰が持っていくのか
　　　＊ちょうふく山のイメージを出しあう
　　　＊ちょうふく山に登っていく
　　　＊予行のあと、練り上げる子どもたち
　　　＊絵を描く（本にしていく）

7．5歳児の劇づくり『ぶな森のなかまたち』の実践（山﨑由紀子）　　191
　　　＊絵本『ぶな森のなかまたち』を劇にして変わった子どもたち
　　　＊劇づくり後期でのイメージの支え合い
　　　＊「どうしてぼくら生まれたんやろう」
　　　＊文学を通してことばと心の結びつきを取り戻す

8．5歳児の劇づくり『ウエン王子とトラ』の実践（甲〆由利子）　　196
　　　＊4月の子どもたちの姿
　　　＊この本を選んだ理由
　　　＊後ろで見えない身ぶり表現が、見えているように表現しあう子どもたち
　　　＊劇のつくり方を知っている子どもたちの劇づくり　子どもたちの主体性・
　　　　能動性
　　　＊えっ！私らそんなためにころされてたん？場面が深まる
　　　＊子どもたちだけでしたい　からだでわかるものがたりの中心部分
　　　＊4歳児もわかる劇
　　　＊誰もが主人公
　　　＊楽しんでできた生活発表会の劇

9. 「フィオーラのようになりたい」
　　『フィオーラとふこうのまじょ』の実践（甲〆由利子）　205
　　　＊劇あそびの取り組み
　　　＊幼稚園中が劇ごっこ
　　　＊フィオーラが自分たち

10. 保護者の視点　210
　　（1）劇を観た保護者の共感　209
　　（2）私の幼稚園選び（吉田晴美）　212
　　（3）保護者と共に　214

　　あとがき ………………………………………216
　　資料・参考文献 ………………………………220

1 章

環境と身ぶり表現

1章　環境と身ぶり表現

　子どもたちのあそびや仲間の環境は大きく変化しています。かつてのあそび文化とはおとなが子どもへ、大きい子どもから小さい子どもへと縦のつながりを通じて継承されていました。世代を超えて家族や地域で伝わっていた伝承あそびは、核家族や地域文化の衰退などにより多くが消えていきました。

　近年の子どもたちのあそび場は、戸外では交通事情や住宅事情などにより少なくなっています。また、少子化はあそび集団も消失させ、外あそびを困難にしています。自然の中でからだを自由に動かして、跳んだり、駆けまわったりするあそびも見られなくなってしまいました。室内あそびは、テレビやゲーム機器に依存し、身近にある絵本や本もじっくり見る力、見ても内容を読み取る想像力が浅いものとなってきています。

　こうした環境の変化の中で育ってきた若者の中には、おとなとの関係や親子の関係を避ける傾向が見られます。また、新しい機器や情報の中で育った親世代は、核家族で子育てについて聞く人や親しい隣人もなく、預ける施設もないままインターネット託児が生まれるなど、子育ては深刻化してきています。(注1)

　子どもたちが自らあそびを見つけて、主体的にからだを十分動かし、表現力を身につけるような保育内容を考えて保護者に信頼される保育園や幼稚園の重要性が日々高まっています。

1．子どもたちは環境をからだで発見し表現する

（1） からだで環境を見つける……0歳児

　0歳児は、誕生時にわずかであった情報から人やものに接触しながら繰り返し、様々なことを発見し、情報を広げて自分のものとしていきます。動く人やものに手を伸ばし、触って硬さや大きさや動きなどを探っていきます。

❀自分のからだの発見

　吊りおもちゃがあっても手が出ない状態から、自分の手で触れたり、鳴らしたり、ひっぱったりして、ものの感触や動きや空間を自分のからだで発見していきます。さらに動くおもちゃに手を差し伸べて触りたい、とってほしいなどの意味をおとなに表現しはじめます。三項関係のはじまりです。窓際で、少し離れて泳いでいるこいのぼりを目で追い、驚いて手をあげ、からだ全体を動かします。こいのぼりを見た驚きや、動きのおもしろさや、触りたい、取りたい、一緒に見ていて嬉しいなどいろいろの表現を伝えてきます。

　近くにあるおもちゃを取りたいので前に手を伸ばす、おとなの歌う声の方に向く、遠くのこいのぼりや雨の音に気づいて手やからだを動かし発見の楽しさを表現し伝えようとするなど、身体感覚すべてで周辺を探索します。からだはおとなと意思がとどきあうことを発見します。

❀予期するからだ

　寝ていたり、座りはじめた赤ちゃんの様子は、変化する環境をとらえて、もっとしてほしいと予期的な表現をします。

　♪「こーいこーい　うえからしたから　おおかぜこーい」と二人の保育者が歌いながら、寝たり座ったりしている子どもたちの上で大きな軽くて美しい布を双方から持ち、上げ下げします。ふわふわと布が動いて光も揺れて見える、柔らか

い風がくるなど、子どもたちは思わず手をあげたり下げたりします。うれしい気分で、上がった高いところを掴みたいと思うのか、手をあげ「キャッ、ハッハッ」と声をあげます。楽しい共感のひと時です。手足や表情やからだ全体を動かして表現する身ぶりは、おとな、布、光、空気など変化する環境にあって創り出される共感、発見の喜びであると同時に、もっとしてほしい気持ちと次を予期する表現となっています。

　這うことができるようになった子どもたちは、自ら新たな発見をしていきます。少し傾斜のある公園の芝生で遊んでいたAちゃんが発見したものは、芝生の間に所どころ生えている芝生より20センチほど出ている細い茎の草です。手指で握るようにひっぱってみます。倒した形で、また、次に少し離れたところにある背の高い草を見つけては「あぁあっ」と言いながらハイハイしひっぱり、坂を上りながら繰り返していきます。彼女の這う目線からは、芝生が一面に見えて、そこから突き出した細く高い草の一本一本が見えて自らからだを動かし近づいたのです。自分が触りたいものを見つけ、這って移動して草に触っていきます。

　このことは、芝生の環境で繰り返しあそんでいる日々から新たな発見をし、這う、つかんでひっぱるというからだの動きを生み出しています。そして、もっと他にもあるのではないかと予期する気持ちがこの行為を持続させています。

長い草、あるよ

　このつかもうとしてつかんでいる手は「身ぶり表現の前の身ぶり表現」「ことばの前のことば」としてやがて指さしや、見えないけれどあるのではないかとからだを動かしはじめる予期的な表現の基礎になります。

🌷 模倣をしはじめるからだには想像が見られる

　次に、歩きはじめた子どもたちは広くなった視界と足を使っての行動力で多様な環境をからだで受けとめ共感していきます。新たに広がりを見せた環境へのか

かかわり方をはじめます。

　歩きはじめたばかりのR君の模倣が、プラスチックの小積木を合わせてカチカチ鳴らしながら、友だちの間を歩くことからはじまりました。先ほどまで5歳児が園庭で沖縄の民族楽器パーランクを持って踊っていたのを見て、自分の保育室に帰ってきたばかりの時です。すぐ音の出るものを見つけて、同じように打ちながら歩いているのです。目の前に5歳児もいなければ沖縄の音楽も聞こえていない、パーランクも目の前にないけれど、パーランクに見たてた積木で音を鳴らし、エイサーを踊っているつもりで歩いているのです。5歳児の沖縄の民舞を模倣し再現していることがわかります。おとなは子どものしたことの意味を受け止め、瞬時に「お兄ちゃん、お姉ちゃんたち、パーランクで踊ってたね。おんなじやね」と共感していました。その後、R君のあそびは多様に発展しました。四角のものを打ちつける、次に木の円柱とプラスチックの小積木を打ちあわせるなど、次々選んでは打ち変えて繰り返しあそびは続きました。

　この0歳児のあそびは、5歳児のようにしたいと思わずからだが動き、その表現がおとなの共感を呼ぶと、さらに模倣していることを知らせるようにあそびは持続し変化しています。0歳児の模倣・再現のあらわれであり、積み木をパーランクに見たて、5歳児のように踊っているつもりになってする身ぶり表現は想像のあらわれです。そのままにしておけばその行為は消えていたことでしょう。R君の身ぶりに共感するおとながいて、他の子どもの興味に広げていく保育をすることで、新たに他の環境をとらえる楽しさにつながります。

　0歳児は吊りおもちゃや薄い動く布や細長い草やパーランクの踊りなど、環境との動的な自発的なかかわりの中で、環境をからだで共感しながら捉え認識しています。見たり発見したり、ものとのかかわりで表現した「見たて・つもり」は、おとなと共感しあい、身ぶり表現として繰り返すことにより、他の見たことをからだでとらえ再現します。見た通りにはできないが、この見たものとの違い、ないものを自分で創り出す表現には、自分のからだで表現を押し広げて創り出すという想像力が働いています。このことは、環境の発見と同時に、想像力もはたらいていることを示しています。

おとなは、0歳児のまなざし、微笑、発声など、からだが表現している意味の、よき受け手・読み取り手であり、模倣者であり、共感者・理解者です。子どもたちが身ぶり表現をしながら、模倣や見たて・つもりの楽しさから次の新たな環境へ向かうからだと協動するおとなであると、0歳児の世界は広がります。

（2）　散歩で見つけた環境とのあそび……1歳児

　1歳児は立って歩けるようになります。立つ場所や歩行するところが床から土の上、アスファルトや草の上へと変化し、歩く空間も広がります。この変化した環境の中を歩くこと、しゃがむこと、走ることが徐々にできはじめます。保育室から出て地域を散歩して、自然、人やものの環境に主体的・能動的にかかわりながら発見し、おとなと共感しながらあそびを創り出す名人となります。

　環境を探求し発見したことをからだで表現しながら、さらにからだを自由に動かしてその意味も表現できるようになり2歳児になっていきます。1歳児の探求し環境を発見していく姿を見ていきます。

❀おうちの塀にあるみんなのおいす……見たて

　歩けるようになった子どもたちが散歩で見つけるものにはいろいろあります。道と道の壁脇の低い塀との段差を見つけると座ります。一人が座ると次々と座り合って陽にあたりながら、あたかも自分たちに準備された〝道の椅子〟のように友だちと「座ること」を楽しんでいます。楽しい1歳児の共感的空間があらわれます。背の伸びた5歳児には足が長くて座れない段差も、歩きはじめて腰かけることのできはじめた1歳児は外の環境で座ることができる場所をはじめて発見したのです。環境とからだの協調する姿です。

❀穴はふしぎ発見

　また、1歳児は橋を通る時には小さなセメントの穴を見つけます。しゃがんで穴から小石を入れてみます。入れる、落ちる、消えるというあそびを発見し、繰

り返しあそびます。0歳児の時の「いないいないばぁ」でおとなの顔がかくれて見えなくなったり、穴の開いた箱にポットン、ポットンとものを落として、見えなくなることを楽しんだあそびは、こんなところで再現されています。この再現も環境に出会った子どものからだが思い起こしている想像のあらわれです。見えていたものが見えなくなる、ものにかくれてしまう、つまり遮蔽されることの驚き、ふしぎさを発見しています。見える、見えないことへの興味をさらに拡大しています。地面からの一番近い高さで、歩きはじめたばかりの速度で、見つけられる1歳児の環境からの発見の意味を大事にしたいものです。

草の斜面でも這う、走れる自分のからだ発見

　歩きはじめて間もない子どもたちは、からだ全体で環境をとらえていきます。長い広い芝生の斜面で登り降りを繰り返してあそびます。平面ではなく斜面に対応する楽しさをからだで感じています。誰もが必死で足を踏ん張って転ばないように、ぶつからないように斜面とおとなと友だちの速度感覚に対応させています。斜面に対しての足やからだの自由さを自分のものにしているようでした。

　平面で歩くことができるようになった環境とからだの対応をもとに、斜面に協調させるようにからだを想像的に創り出しています。斜面に対応できるからだを発見しています。

　子どもたちは自分のできるようになったからだの動き、手や足や五感を通してからだ全体で環境を受け止めたり迫ったりしています。こうした表現するからだをおとなと共有しとらえていくことが環境を知覚し、自分や仲間を認識することの第一歩となります。子どもたちに共感するおとなの対応がさらなる発見を可能にします。

新しく歩く道を、見つける

2．環境から身ぶり表現へ　自然は発見の宝庫

（1）　見つけたものから身ぶり表現をする……1歳児

　1歳児の歩きはじめることによって広がった園庭や公園の環境には、季節ごとに変化する草花や木々があります。花の形や色、においなどが子どもの興味をひきます。大きなチューリップの花が揺れたり、散ったりする様子に思わず「あった」「はーな、おった（居る）」と指さしをします。ことばの出はじめた子どもたちの一語文から二語文への移行期です。環境とかかわり、変化をからだで同調して楽しんだ時、おとなのことばや共感の声や手さし、指さしなどがことばにつながります。このことばを生み出すもととなるのがからだや手であり、身ぶり表現のもととなります。

　次は、見たものを伝えることばをまだ獲得していない子どもたちが、知っていることば以上のことを伝えたいとする様子です。

🌷ちゅーりっぷのつぼみになる子ども

　指さしをして「あった」「はーな」「ちゅーっぷ」と言うと同時に子どもは、両てのひらを丸く合わせてチューリップのふくらんだ様子を思わずからだで模倣をします。1歳児は「まぁるくふくらんでいるよ」「ふわっとやわらかそう」ということばでの表現方法をもっていません。ですから、素早く瞬時に思っていることを伝えたい子どもが、手のひらとからだ全体で表現します。

　この1歳児の身ぶり表現は
　① ふくらんでいるおはなを見つけたよ！と発見したこと
　② 今気づいたことを見て！とおとなに伝達したいこと
　③ ふわっとしてきれいだよ！と感動したこと
　④ 私のなっているお花をみて！など
とっさのからだの表現で、からだがつぼみを模倣し、子どもはつぼみになってい

るのです。この"なる"ということばは、子どもがつぼみのつもりになることを意味します。自分がつぼみになっているのです。チューリップの身ぶり表現をしているのです。

　身ぶり表現をしている子どもたちは、単なる形のふりや模倣をしているだけではありません。自分が今チューリップを生きているのです。想像の世界を生きているのです。

　動くものの変化は多くの子どもの興味をとらえます。春には飛んでいるチョウチョウが代表的な虫です。ひらひらと花から花へ飛ぶチョウチョウを見つけると、子どもたちはすぐにその場で両手・両手のひらを上下にひらひらさせて飛んでいるつもりになります。
「先生、チョウチョウはこうしているよ」
「こうして飛んでるね。おもしろいね」との気持ちを身ぶり表現で伝えます。足のある自分がちょうちょうのように空（空間）を飛んでいるつもりです。
　ちゅーりっぷのつぼみの身ぶり表現をした時に加えて、ちょうちょうの動いている羽、ひらひらと空中を軽く飛んでいるからだの様子などを同時にとらえています。からだがチョウチョウに協調しているのです。からだでチョウチョウの意味をとらえて、瞬時に表現し、実際のからだではできない空を飛んでいることをも伝えたいとする子どもの姿が身ぶり表現です。
　１歳児は床の上や、靴を履いて土やアスファルトや芝生の上を歩いたり走ったりできるようになったばかりです。その子どもたちが、動く小さな虫の変化に驚き、からだ全体で身ぶり表現しながら走ります。方向も変えます。その速さは、１歳児のスピードにちょうど合っており、この身ぶり表現をすることにより歩行もしっかりと確立していきます。
　この時、見ているおとなの共感が重要です。チョウチョウの変化を見つけ、同時に自分のからだの限界を超えて空を飛ぶことができる、想像的身ぶり表現を一緒に見ていた子どもたちへ伝達するのも共感の意味です。
　１歳児の子どもたちは、ものを見つけた時の模倣やつもりになったことをすぐ

に忘れてしまいます。見たり身ぶりでとらえた子どもは数人かもしれません。からだでとらえた直接経験を保育室にかえるまでに忘れてしまう子どももいます。保育室にかえり、対象のチョウチョウは目の前にいないけれど、見たチョウチョウのことを聞いてみます。すると、先ほどしていたことを幾人かが思い出し、ひらひらと羽を動かせて表現します。からだの動きは子どもたちに共感を呼び、協調してひらひらと軽くあちこちへ飛ぶ身ぶり表現をします。チョウチョウの軽さや空を飛ぶ楽しさを、友だちと共感しあいます。

　からだでの表現は見てわかるので、誰もが模倣・再現しやすく、子どもたちの協調から想像への新たな認識のはじまりとなります。

🌷ちょうちょうや子どもになって、役の身ぶり表現

　1歳児はこの身ぶり表現をしたことを、再度、環境世界で発見をしていきます。するとチョウチョウが花にとまっていることを見つけます。自分たちの生活から食べている（飲む）ことに気づいたり、花はチョウチョウの食べものであったり、お家であったりするという役割に気づいていきます。

　つまむことのできるようになった子どもは飛んでいるきれいなチョウチョウがとまるのを見て、捕まえようとしはじめます。指先を近づけますが、つかまりません。「あっ、逃げた」という気持ちは、保育室で飛ぶちょうちょうの身ぶり表現に重ねます。「つかまえて」という気持ちを保育室で再現します。子どものちょうちょうをおとながつかまえる。おとなのちょうちょうを子どもがつかまえる。この身ぶり表現は、花とちょうちょうや子どもとちょうちょうなど、役を交代しながらあそびます。といっても、一方の役はおとなが引き受けて子どもたちは一つの身ぶり表現を楽しみます。身ぶり表現が複雑になってきます。身ぶり表現とともに話すことばを獲得しながら、ことばだけではなく、その意味もからだを通して同時に理解していきます。

　自然は子どもたちにとってはじめて見る、変化に富んだおもしろい世界であり、身ぶり表現しながら自然とのかかわりをさらに深めていきます。自然の役割から

自分たちもおとなと役割を分担してのあそびが楽しくなります。さがせばさがすほど次の変化を提供するのが環境です。

🌷ダンゴムシさがしからだんごむしの身ぶり表現

チョウチョウは飛んで行ってしまい、捕まえて見ることができません。それに代わって、しゃがんでつかまえられる小虫が園庭の隅にいるダンゴムシです。ゆっくり歩く、手でつかまえられる、丸くなるなどはっきりとした形の変化が見られるので、1歳児には手にとってあそびやすい友だちとなります。

1歳児クラスのダンゴムシさがしは、時間をかけて靴を履くことからはじまります。プリンカップを手に園庭の隅へ行って、ダンゴムシさがしをします。カップをもってやっと歩けて、指でつまんでダンゴムシをつかまえる。それを入れて、落とさないように保育室へかえります。落としたり、転んで失ったりしないようにするためには、からだ全体の集中力を発揮します。

保育室へ持ってかえったダンゴムシの動きを見たり、丸くなると転がしたりしてあそびます。じっと見ながら、

「はいはい」

「あるいてる」

「ころころしてる」

といいながら、自分もハイハイしたり丸くなって横に転がるなど、だんごむしになって身ぶりを繰り返します。次の日もまたさがし、見て、だんごむしになってあそびます。だんごむしごっこが持続し楽しく展開します。

　ダンゴムシであそぶ楽しさの理由は、子どもたちが歩行の確立で動くのが楽しくなったうえに、落ち葉の下や草の根っこ、植木鉢やプランターの下など、手が届きやすく見つけやすいので興味をもちやすいのです。春になってダンゴムシであそぼうとする意味の一つがここにあります。二つ目は身ぶり表現することでまだ二語文のことばでは言いあらわせないことをかたったり伝えたりできることです。歩く、丸くなる、転がる、草の下で寝るなどの身ぶり表現をしながらダンゴムシのことをよく知っていきます。チョウチョウの時より多くのことを見るようになっています。三つ目は友だちの身ぶり表現を見ようとしはじめることです。友だちの身ぶり表現の模倣をします。同じようにころころ転がります。
　ダンゴムシの身ぶり表現は、同じように見えていますが、よく見ると一人一人が違います。からだの少しの違いをおとなが認め知らせることによって、身ぶり表現している子どもはからだで表現する工夫をしはじめます。
　身ぶり表現は話し合いです。1歳児にとって身ぶり表現はことばでは言いあらわせない話し合いで表現の工夫も伝える話し合いの場となります。そして、からだとことばで表現力を増やしていきます。

（2）　おはなしで広がる身ぶり表現の世界……2歳児

　2歳児になるにつれてますます行動範囲は広がります。家族と一緒にお店屋さん、乗り物など生活環境が拡大します。日常的な買い物の繰り返しは、買い物をする人になったりお店の売る人になったりするお店屋さんごっこになります。外では泥団子、木の葉、小枝、保育室では小積み木、ブロック、箱や紙などごはんやおかしなどに見たて生活再現あそびをします。

🌷怖いこともみんなで身ぶり表現をして乗り越える

　1歳児の時から環境で見つけたダンゴムシなどの身ぶり表現をしてきた子どもたちは、その身ぶり表現の内容に変化があらわれます。2歳児は環境の広がりの中で、買い物など自分の生活以外の生活環境がとらえられるようになってきています。お店ごっこやコンビニごっこなどの生活再現あそびをします。

　2歳児の身ぶり表現は生活再現あそびとの関連で予測し、想像します。自分の生活とダンゴムシの生活と結びつけて表現するようになります。だんごむしになって、自分との共通性から寝たり、買い物に行ったりしているつもりになって身ぶり表現をします。この時「いいえ、だんごむしは買い物には行きませんよ」と現実を知らせると、想像力を失います。受け止めながら、現実の環境とかかわりつつ、自分との異差性について気づくようになるまで待ちましょう。

　また、おはなしの身ぶり表現も楽しみます。だんごむしの出てくるおはなしは自分もよく知っている主人公が出てくるので、絵本という環境に協調しながらおはなしの世界を想像し共感します。おはなしには知っているだんごむしが出てきて、知っているかくれんぼあそびもするけれど、知らないかまきりやもぐらも出てきて怖いけれどおもしろいなとおはなしを楽しむようになります。

　0歳中ごろに人見知りをはじめます。見たこともない知らない人を知っている人と識別できるようになり泣いたりします。1歳児は大きいもの黒く動くものなどに恐怖の気持ちを抱きます。怖いものに出会ったらおとなの後ろで身をかくし、自分の身を守ります。怖いものに対する身の安全を守る子どもたちの気持ちです。人間の生き方です。2歳児はこのかくれることを充分に知った子どもたちで、かくれることを楽しむようなっています。

🌷絵本の身ぶり表現『ころちゃんはだんごむし』から

　ある保育所の実践です。

　ダンゴムシを見つけてあそんだあと、子どもたちのよく知ったダンゴムシが主人公で登場するので、『ころちゃんはだんごむし』(高家博成・仲川道子作　童心社　1998)の絵本を読みました。あそびと絵本の世界とを地続きのように想像して楽

しみます。

　ところが、おはなしの展開には思わぬ事件があります。それを2歳児の子どもたちは、どのように対応するのでしょうか。

　ある時おとながあとから保育室にかえってみると、子どもたちは、みんな、床に丸くなったり、うつぶせで顔をかくしたりしてかくれたつもりになって待っていました。保育士が
「あれー、みんなどこに行ったのかなー？」と言うと
「わーっ！」
と顔を見せ、保育士を驚かせて大喜びでした。このあそびを繰り返していたある日、おとなが『ころちゃんはだんごむし』に出てくるかまきりになり（かまきりのかまの身ぶりをして）、
「だんごむしの匂いがするぞー」
と、いつものようにかくれている子どもたちに近づいていきました。すると、いつものように「わーっ！」とは出て来ず、床にじっと伏せている子もいれば、何がはじまったのかな？　という顔で頭を上げている子どももいました。
「（かまきりがきたら）丸くなったらいいねん」
と、絵本の中でのころちゃんの姿を思い出して伝える子どももいます。繰り返し読んでいたころちゃんの絵本を通して、かまきりから身を守る方法を知っていった子どもたちは、それからの毎日は
「せんせい、かまきりあそびしてー」
と催促して、繰り返してあそぶようになりました。

　このだんごむしあそびは、
　ダンゴムシを見る→触ってあそぶ→身ぶり表現をする→
　　直接の経験から関連する絵本を読む→おはなしのごっこあそびを繰り返す
というあそびの流れから生まれた、だんごむしの身ぶり表現あそびであり、ごっこあそびです。

2歳児は、実際に自分が見えなければ相手も見えていないだろうというかくれ方から、自分が物陰にかくれたら相手からは見えなくなることがわかり、次には、かくれたつもりが共有できるようにもなれる過渡期です。そんな子どもたちの様子を見て、事例ではタイミングよくおはなしのかまきりにおとながなっています。子どもたちは怖いけれどおはなしの解決方法とかくれんぼのかくれる方法とを一挙に思い出しています。

　2歳児の子どもが身ぶり表現とことばとおはなしを総合させながら新たに、あそびながら怖さも乗り越えていき、想像世界を拡げています。この2歳児のおはなしから広がる身ぶり表現の事例は、4章4の生活発表会で『ねずみのいもほり』のごっこあそびをした古橋のクラスです。

(3)　かたつむりの身ぶり表現をいろいろ工夫する……3歳児

　環境は、子どもたちが保育室から外へ、続いて園外に歩いて出かけることによって、子どもたちに多くのものや場所、出来事の変化を提供してくれます。環境は季節によっても変化しています。この季節の変化の中で、新たに多くのものを発見します。

　3歳児は、発見したものを模倣し、お互いに見たものを確かめ合い、考え合います。身ぶり表現をしながら、「どうしてかな」など考え想像を広げはじめます。

❁かたつむりになった

　ある保育所の実践です。

　雨季に園庭で見つけたカタツムリを保育室でビニールシートの上を這わせたり、透明板の上を這わせて下から見たりしていました。

　「のど、かわいてる」

　と言って水をかけています。水をかけるとカタツムリの角の変化に気づいて、触っては感触や角が引っ込むことを他の子どもに知らせています。

　「カタツムリ、こんなんしてる」

と頭の上から両手の人さし指を出してきます。それを見て、他の子どもが
「こんなんや」
と座って、両人さし指を頭の上に立てて、前かがみになり前に進んでいきます。立ったまま頭に角を出して進む子ども、床を這いながら角を出して進み、止まるとからだを丸め角を引っ込める子どもなど、いろいろなかたつむりになっています。這っているのは、かたつむりの足を表現しているのです。「かくれてるよ」という子どもは、狭い殻に後ろ向きに入ってじっとかくれているつもりでいます。
(岸和田市立保育所　鳥居幸枝・大阪保育研究所「文学」専攻科　公開保育実践)

　雨の季節に出会ったのでカタツムリはきっと雨が好きなのだろうと、雨のように水をかけます。また、のどが渇くことは実際の生活でも経験しているので、かたつむりになって考えていることがわかります。

　次に、カタツムリの形の模倣から、カタツムリと自分のからだとを協調させて、自分のからだをカタツムリに近づけています。自分の見た通りのかたつむりのつもりになって身ぶり表現の工夫をしています。見たものを自分がそのままからだで表現して、おとなや友だちに伝えます。おとなが個々の身ぶり表現の違いをことばで伝え、身ぶり表現の工夫をし、より詳しく見て、意味も伝えます。

　こうした身ぶり表現の工夫により、表現するからだを友だちと見合って役割を分担しながら、カタツムリの特徴も共にわかり合っていきます。

🌷かたつむりのかくれんぼ

　子どもたちの共感を得る楽しいあそびはかたつむりのかくれんぼです。2歳児では自分が丸くなっているのでかくれているつもりから、3歳児になるとかたつむりの殻に入ったつもりで、かくれているかたつむりをイメージして、動かずじっとしています。かたつむりの特徴的なかくれんぼを工夫しながら自分のことを自覚するのも身ぶり表現です。

　子どもは環境に近づき、対象との間につくり出す身体的模倣や想像表現をしながら、さらに新たな想像世界を創り出しています。この環境に協調しながら新たな身ぶり表現を工夫し、さらなる想像への架け橋となっているのが身ぶり表現で

ごっこあそびの花開くのは、3歳児です。0歳児から身ぶり表現をし、ちょうちょうやだんごむしになってあそびながら、見たこともないちょうちょうの家族になったり、おはなしの世界の想像を広げてきました。このイメージの共有と役割分担や友だちとのコミュニケーションがことばでもとれるようになった力を総合し、ごっこあそびが楽しく展開できるようになります。かえるごっこ、かたつむりごっこなど、あそびを自分たちではじめられるように半具体物で見たてやすい積木や段ボール箱などを用意して、ごっこあそびを発展させていきましょう。

> ◀付　記▶　ごっこあそびには、おにごっこ、お店ごっこ、乗り物ごっこなどがありますが、ここでは自然環境から子どもが創り出すごっこあそびを書いています。

（4）　アサガオの芽　出てほしい……4歳児

　4歳児になると環境の中で見たものだけではなく、変化するものや見えないものへの想像が持続的にできるようになります。土の中にかくれていて見えないものも芽が出ることを予期しながら、栽培を続けます。チューリップの球根植えやサツマイモの苗植えや5歳児になると田植えや稲刈りをして米作りなども経験します。
　近年園庭で栽培されるものには収穫目的の野菜などが多く、アサガオを育てる園が少なくなってきていました。しかし、最近では、温暖化防止のための節電効果を期待して、日光遮蔽ができるアサガオが、また栽培されるようになってきました。けれども、おとなが考える実利だけではない子どもたちへの環境となるのがアサガオです。
　アサガオは、目に見えない土の中の予期的な想像性や、やがて芽を出し双葉・本葉・つるに変化し開花する花を期待できます。美しく咲いた花は、冷たいジュースづくりや、染め紙であそべます。秋には、種がたくさん取れて、数える楽しさ

や来年に植える楽しさにもつながります。4歳児もアサガオの種から育て、見えない土の中の種を想像して世話を続けました。日々かかわりながら変化を継続して見てきた実践を書きます。

　幼稚園の実践です。
　4歳児がアサガオの種を植えました。毎日水やりをして、雨が降り出すと水やりを止めることもわかり、土の中の種は見えないけれど、水をほしがったり、大きくなろうとしている様子を話しあったり、身ぶり表現したりして花が咲くのを楽しみにしていました。25日もすると芽が出ます。子どもたちは大喜びをして、絵を描きました。
　できた絵は「水やりをしている」「はやくさいてほしい」「大きなってほしいな」「パラパラ雨ふってるねん」「ぼくらおうち、帰ってからおおきなるねん」
　「そっとアサガオ　ふたつでたな（双葉）」「友だちもよかったって言ってくれてる」「もう一つ出てきてほしいから水あげてる」「はよさくかと心配している」など、アサガオの世話をしながら咲くまでの絵を描きました。

　子どもたちの身ぶり表現は、土の中で水を吸い込む種になります。そうしているだろうと予期的な表現から、役を創り出しています。
　土の中のつもりで床に小さくなって伏し、胸に両手を合わせた芽を、そーっと上半身起こしながらあげていきます。
「水のんでる」
「大きくなったから出る」
「土の中から、出るから、そっとやねん」
「土、重たいけど、（背中で）押しながら出てんねん」
と、身ぶり表現をしながら、ことばでも種の気持ちを伝えていきます。
「外、明るいわ」
「気持ちいい」
「お外、広いわ」

「お外には子どもいる」など言いながら、手のひらをだんだん拡げて、双葉になりました。

と見ていた子どもの中から

「水、あげな（あげないといけない）」

とジョウロを持っているふりで水をかけはじめました。

「お日さまも　いる」両手を上から下へと、きらきらさせながら、芽になっている子どもたちにそそいでいます。

芽になった子どもたちは、

「明るいわ」

「あったかいわ」

と言いながら少しまた少しと伸びていきました。

　実際に期待をふくらませて育てているアサガオであるだけに、その身ぶり表現は自分が土の中にいる種になって、表現しているようです。経験したことはないが、硬い土の中で、柔らかい芽が上に伸びる時の困難さを気遣いながら身ぶり表現して、自分を芽に同化させて土を感じています。芽と共感しながら自分が芽になって芽の環境を感じながらの身ぶり表現です。

　アサガオに、水をあげよう、お日さまも必要だと言った子どもたちも、単なる知識で言っているのではなく、友だちが今なっている種は自分たちが毎日見ながら、期待をこめて世話をしている種であり、水やお日さまがないと枯れることも知っていて、自ら自分の役割を創り出して表現したのです。身ぶり表現は認識したことをそれまでに獲得してきたことばと共に確認し合える表現であり、さらに必要な環境を統合させながら未知の表現を創造的に創り出すものです。

あさがおのおはなしの身ぶり表現

　このアサガオへの興味を持続させ、子どもたちの想像世界を拡大したおはなしがあります。『あさがおのたねぼう』（小野美樹文・鈴木悦郎編　ぎんのすず幼教出版 1967）です。

　このおはなしの主人公であるあさがおのたねぼうのように、小さくて、弱くて、

他の根っこのたくさんある土の中を、上に出て行くには困難がありますが、それでも大きく強くなって花を咲かせます。このおはなしの身ぶり表現をすることによって、あのあさがおのたねぼうのように困難に負けなければ人の喜ぶきれいな花になれるのだなと思うと、あさがおの種のようになりたいと子どもたちの共感を呼びます。

おはなしのあとがきには、

> 植物のいのちは子どもたちに感じとらせにくいものですが、成長の早いあさがおの場合は、それができそうに思えるからです。種の坊やを土の中に埋める時から、子どもは心をよせます。忘れるほど待たなくても発芽します。その発芽に子どもたちは目をみはり、感動します。その後の育ちは緩慢ですから、実はあまりよくは見られません。そこで、ここに大きなポイントをおきます。土の中にもぐった種坊が、どんなに苦労して生きていくのかを、子どもに感じ取らせたいのです。
>
> 　　　　　　　　　　　　　　　　　　　　　　　　小野美紀

そしてまたせっせとアサガオの世話をするようになります。世話をしながら、変化する種と水や光との関係を知り、さらにおはなしに出てくる雲、雨、嵐や小鳥などのかかわりやつながりから環境もまた大きく拡がっていきます。

4歳児は自分のしている行為と対象との関係や、対象と他の自然との関係などがわかるようになります。そこで聞くおはなしの世界は、さらに知りたい気持ちを大きくします。この時の身ぶり表現は、自分の経験をおはなしの内容とダブらせながら、知らなかったおはなしの新たな世界を想像し拡げます。この身ぶり表現と話し合いにより、弱さや困難から希望を見つける主人公の成長していくうれしい気持ちに共感しながら、おはなし理解をしていきます。

おはなしの世界の意味もわかり、自分もたねぼうのようにまだ小さく弱いけれど、希望をもって先を予測したり、自分のことを肯定できる（知る）ようになるのも身ぶり表現です。

（5）「雨はどこへいくの」 溝掃除する５歳児

　５歳児は環境の変化や自然の動きから、多面的に発見し、相互作用させながらみんなで見つけたものを身ぶり表現し、再び環境に向き合い探したり、発見したりしていきます。いろいろな環境のつながりを発見し、探す、見つける行為から、連続的に次々と新たな行為や動きを生み出していきます。この連鎖からの発見は、内容や意味を深めていきます。次に起こることやさらに広い周辺のことを想像して、また新たな発見が自分の生活に還元できるようになります。

　降り続く梅雨は子どもにとっては、春に見られなかった変化するおもしろい環境となります。降る雨で生活はレインコートや長靴、１歳児ははじめての傘や、５歳児は小さい傘から大きくなった傘を使うようになり変化します。誰もがおとなと雨の中を園に通って来るのですから、道々での発見があります。
　「あめ、ざーざーっとこう（斜め）降ってたから傘、こうさしてきてん」
　「それでも濡れたわ」
　と濡れたところを示します。
　この発見をみんなで身ぶり表現しました。手を上から斜め下へ振り下ろしながら走ります。雨の方向と上から落ちてくる様子と激しさとを同時に表現します。みんなが経験しているので、その身ぶり表現には勢いと、強調して表現しようとする意欲が感じられます。自転車に乗せてきてもらった子どももあり、前のお母さんと後ろの子どもがどのように雨をよけてきたかを身ぶり表現し合います。運転するお母さんと子どもの身ぶり表現にも工夫が見られます。
　毎日のように降る雨を見て、ぴょんと跳び上がって落ちてくるだけの表現から、高いところから降るのですぐには落ちてこないとわかり、くるくる回ったり、大きく揺れたりしながら高いところから落ちてくる距離感を出すための身ぶり表現の工夫をします。５歳児になるとこの高さも移動する空間と落ちる場所も目的をもって身ぶり表現をしながら時間や空間を認識します。

ここもあめふってる。みずたまや！

　雨の落ち方（降り方）、高さ、どこに落ちるのかなど、からだで表現しながら縦横に環境を広げ、広がった環境から次の環境を拡大していきます。

🌱「雨はどこへいくの」から生まれた溝掃除

　幼稚園の実践です。

　雨季で毎日外あそびができない6月ですが、それでも傘をさして、外へ出かけます。水たまりであそんだり、雨の中の虫を見つけたりします。そんなある日5歳児クラスの子どもたちが大きな雨の音に気づき、走って廊下からテラスに出ました。「ざぁーざぁーッや」と両手と共にからだ中で勢いよく斜めに、交差しながら降ってくる雨の様子をからだとことばではなします。雨は、土山のてっぺんから園庭の中央へ筋となって川のように流れはじめ、自分たちの見ている方へ流れてきました。

「わぁー川や」

「こっちへ流れてくる」

「雨が集まってるんや」

　と驚き、流れてくる様子を目やからだで追いました。傘をさして、目の前の雨の流れる方向に行き側溝に入った雨を見届け、小さい組の前に降った雨も、自分

たちの保育室の前の側溝を通って流れていくことも、そして、集まった雨は会所(かいしょ)へ消えていくことも突き止めました。

　園庭に降った雨が集まったところはわかったけれど、他の雨はどうしているのか考えはじめ、平屋の屋根に降った雨がどこへいくのか、屋根の端にある長いもの（樋）を通って、縦に長い筒を流れているのだと。縦の樋に流れて、園庭の雨と一緒になっていることを発見しました。が、雨はそこで子どもたちの目の前から消えてしまいます。

　「どこ、いくのかな」

　「トンネルがあるんや」

　「川へつながっているんとちがう？」と想像をふくらませました。

　屋根に落ちた雨や、狭い樋を流れていく身ぶり表現は楽しいものでした。土の中では、小腰をかがめ息を止めるようにして流れていました。

　後日『あめのひ』（ユリ・シュルビッツ作　矢川澄子訳　福音館書店　1972）を見ました。雨は町から流れ出て、川になって、野原を流れ、海までいく様子が描かれています。子どもたちにとって雨は、小動物たちのいる野原を通って、大きな海まで行くのだという驚きの世界が拡がりました。

　大発見した子どもたちの事後に取った行動は、この側溝が詰まったら、雨がいっぱいになって、海まで流れて行けなくなると言い合い、重い網目のふたをあげて、中の泥の回収でした。黒くなった泥を掘り出し、水を流し、小さい組の前の側溝もきれいにしていきました。みんなが意味がわかり目的を共有すると、こんなことができるのだと感心しました。子どもたちのこの掃除は卒園まで続きました。

　5歳児になると環境の変化する自然を広く把握するようになります。その動きにからだを協調させながら、次を見通し、自分たちの考えたり想像したりしたことをさらに拡大させます。そして、さらに行動に移して現実の環境を変えていくようになります。全体を把握し、見通しをもち、自分たちで行動しはじめる力、自分たちの生活を変えていく力は身ぶり表現と話し合いをし、身体的思考を通してわかり合う子ども集団の中で培われます。この想像し創造する力はより深い文

学を表現したり、自分たちで劇づくりをする力に発揮されるようになります。

（6） トンボ池の自然

　身近な環境で探検したり、発見したりすることは子どもにとって、楽しいことです。夏の終わりから秋にかけて、子どもたちが楽しみにしているトンボが飛んできます。トンボは子どもたちに多様な未知の問題を提起します。

🌱トンボが好きになった子どもたち

　子どもたちはトンボを見つけるとまず追いかけます。そしてトンボがとまると目の前で、くるくる指を回して捕まえようとします。たまたまトンボが、保育室に飛び込んで来るや否や、大急ぎで窓を閉めて、しばらく様子を見ます。窓ガラスに頭をぶつけたり、窓際で羽音を立てる様子に、

　　「にげたいんや」
　　「おうち、帰りたいんや」
　と、窓を開けて、
　　「さようなら」
　　「またきてねー」
　と、窓越しに手を振ります。
　すぐに、今、目の前で飛んでいたとんぼの身ぶり表現をはじめます。保育室に

入る、子どもが追いかける、逃げる、窓から飛び出すなど、とんぼや子どもになって再現します。あとは、逃がしたトンボはどこへ行くのか子どもたちと考えて、草にとまったり、えさ探しをしたりします。飛びながらかを食べるのは楽しい身ぶり表現となります。飛びながら口にくわえる。かになりたい子どもが出てくると、食べられないように器用にからだをくねらせてすり抜けていきます。身ぶり表現にからだの柔軟さが加わります。からだを相手の動きに柔軟に合わせようとします。予期的身ぶり表現となります。

　草原へ虫取りに出かけてもバッタやカマキリ、そして、トンボを追いかけて捕まえます。
　子どもたちは、なぜそんなにトンボが好きなのでしょう。大きな目に頑丈そうな太いからだ、スマートな尻尾、透き通って模様や色の美しい羽を光らせて、すーいと飛んでは空中にとどまり（ホバリング）方向を変えて優雅に飛ぶ（トンボ返り）様子は、古来から人の心をとらえて離さなかった生き物です。稲の害虫やかを捕食することでも知られています。この生き物の生態もふしぎに充ちており、幼生期には水中で、成生期には空中で暮らし、羽化する時の様子も神秘的で興味をもつのでしょうか。
　けれども、1980年代に、子どもたちの追いかけてやまないこのトンボが少なくなりました。大阪市近郊でも、田んぼが休耕田や宅地に変わっていき、川は護岸工事され、ため池も湿地もなくなっていきました。農薬使用や政府の農業減反政策などによりカエル、メダカ、ザリガニやトンボなどの小さな生き物の生息地が奪われていったのです。トンボのいる生態系の中で、進化をしてきた人間ですから、この小さな生き物がいなくなるということは、人の生存への影響も避けられないものとなります。
　そのころ、高知県中村市池田谷で、自分で湿地を買ってトンボ池を作っている人のことが話題になりました。（『ようこそトンボの国へ』大西伝一朗　佼成出版社　1999）大阪の数ある小学校では屋上にバケツに水をはって置いてでもトンボを守ろうという動きが出る中で、当時の文部省も環境教育を考えはじめ、1990年代に

学校ビオトープ（野生の動植物が生態系を保って、生息する環境）を作りはじめました。近隣の小学校にも大きな池ができ、トンボが羽化しはじめました。

🌷トンボ池づくり

　そんな時、大阪市立墨江幼稚園でもトンボのために池を作りたいと子どもとおとなとで考えました。測量やテスト掘りをし、保護者の方も「ツルハシ・スコップあります」「車を出せます」「砂利があります」「琵琶の木があります」「石を庭の真ん中に出しはじめています。結構たくさんあります」など、子どもたちも「おおきい池掘るねん。汗かくからタオル持っていく」などと、準備しはじめました。

　6月には、子どもたちと保護者で素掘りをはじめ、7月には園庭の隅にトンボ池ができました。名前は子どもたちが〝なかよしいけ〟とつけました。水草や黒メダカを入れ、8月にはトンボが卵を産み、ヤゴが手に取るように見えるようになりました。トンボの抜けがらも見つけました。

　子どもたちはよく池に行き、その変化を見ていました。飛んで来るトンボもギンヤンマ、シオカラトンボ、ウスバキトンボ、アキアカネ、イトトンボなどいろいろで、その違いも子どもたちが見つけました。見つけたトンボを絵に描いて絵本のようなマイトンボ図鑑もつくり出しました。（右絵）

ハンミョウを見つけたよ

　トンボ池をつくってよく池を見ていたI君が、大きな公園で"ハンミョウ"を見つけたと聞き驚きました。子どもたちはトンボが好きで、家に帰っても網をもって地域を探して回り、虫を捕まえ本物の図鑑もよく見合っていました。そんな中の一人、I君が広い服部緑地公園でお父さんと虫取りをしていた時、草原でこの虫を見つけてすぐに「これはハンミョウや」と言ったというのです。斑猫（ハンミョウ）とは歌曲に歌われているほど美しい虫です。広い草原でその一匹を見つけ出すほど虫に対する興味をもった子どもたちになっていたのです。氷の張る2月にヤゴが動いていると発見した時も驚きました。子どもたちにとって4月から卒園まで終始虫たちと共に過ごした1年となりました。

　大阪千代田短期大学附属幼稚園や箕面市の瀬川保育園（『自然と遊ぼう―園庭大改造―命の営みを感じられる園庭に―』小泉昭男　ひとなる書房　2011）、豊中市のおひさま保育園にもトンボ池ができ、今も子どもたちに自然の営みを提供し続けています。2012年2月の寒い時、池で冷たい氷をバケツにいっぱい集めていました。子どもたちの覗き込んだ氷の下にもトンボの幼虫・ヤゴが泥の中でじっと春を待っていることでしょう。
　レイチェル・カーソンは、

> 　ロジャーがここにやってくると、わたしたちはいつも森に散歩に出かけます。そんな時わたしは、動物や植物の名前を意識的に教えたり説明をしたりはしません。ただ、わたしはなにかおもしろいものを見つけるたびに、無意識のうちによろこびの声をあげるので、彼もいつのまにかものに注意をむけるようになっていきます。もっともそれは、大人の友人たちと発見のよろこびを分かち合う時となんらかわりありません。
> 　あとになってわたしは、彼の頭のなかに、これまでに見た動物や植物の名前がしっかりと刻みこまれているのを知って驚いたものです。
> 　（『センス　オブ　ワンダー』レイチェル・カーソン　新潮社　1996　p.11〜12）

自然は、多くのことを子どもたちに提供し、感動を与え、興味を深めさせていくことがわかります。

本当に子どもたちは、ロジャーと同じように自然や虫が好きになり、池の変化を見て多くを発見しました。トンボにきてほしい子どもたちとトンボの生息・保存に協力し自然保護をしていきたいという、多くの保護者の積極的な協力を得て、一年間を通して池づくりをし、生き物を見てきたのです。生き物の身ぶり表現をし、生き物や命への関心を深めてきました。このことはトンボや生き物の連続した保育であり、大きな長い保育のプロジェクト活動であり、それぞれの人生に大きな記念碑をつくったと思います。

レイチェル・カーソンは言います。「子どもたちの世界は、いつも生き生きと新鮮で美しく、驚きと感激にみちあふれています。洞察力や美しいもの、畏敬すべきものへの消えることのない直観力を持ち続けてほしいと願っています」(前出)と。おとなも子どもと同じようにこの自然に対する感動と直観力を身につけていきたいものです。小さなトンボのいのち、誕生からの一生を見つめることによって、子どもたちに芽生えたものは、生き物が好きになったことです。

環境と持続的に繰り返し接触することで、これまで発見できなかった情報を特定できるようになったといえます。つまり、環境の変化を洗練されたからだの表現で感動的にさらなる情報を得ていく身体感覚や身体知を身につけたといえます。

(7) 環境と協調する子どもたち（子どもたちの発見する自然の変化）

子どもたちの探索し発見する自然環境は子どもたちの変化や発達とともに拡がります。ハイハイする時に見ている周囲の環境から、①近づいてくる自然、歩行ができるようになってから出会う周囲にある自然　②仲間とともに見つける自然、③文学を通して見つける自然と徐々に広がっていきます。子どもにとって最も近い自然から、少し離れた自然、遠く離れた自然と環境の広がりの中で出会う自然で知覚したり想像したりしていきます。

🌷 身近な自然

　子どもにとって身近な自然とは、保育室で触れたり、園庭や近くの公園で見つけたりできる自然です。ハイハイから歩行ができるようになって、歩いていくことができて手に取って見ることができる範囲にある環境・自然をいいます。保育室の床や園庭、公園などの土地の上にあって、背の高さで手が届くものです。その身近な自然の中に0歳児から5歳児までの子どもたちが安心して見たり手で触れたりできる植物や虫たちがいます。

　身近な範囲で生息している小虫にはダンゴムシ、チョウチョウ、ハチなどがいます。園庭や公園に棲んでいたり、飛んであそびにきたりします。この小虫たちは、チューリップ、パンジー、菜の花、サクラの花などに食べ物を求めてきます。子どもたちの出会う身近な自然にはこの植物たちも含まれます。4月、5月に子どもたちの出会える自然です。

　これらの身近な自然は子どもたちの近くで、そばにいくとよく見え、その動きに協調し、1・2歳児は模倣し身ぶりから想像するようになります。発見してあそんだり、飼育したりしながら身ぶり表現と話し合いにより、見て触れたりしただけではなく、棲んでいるところや、食べ物などにも関心を向けるようになります。近くにいる（ある）ので繰り返し見ることができるので、親しくなり詳しく見るようになります。

　4・5歳児になると、見た場所で模倣の身ぶりをすることは少なくなります。ことばで表現することができるようになっているからです。が、よく見て再現したり身ぶり表現と話し合いを進めていくとさらに新たな発見をします。

　近年は、身近かな自然が少なくなってきています。子どもたちが自然に環境とかかわれるように、園庭に小虫が棲める環境を整えることが必要です。柑橘類の木が一本あることでアゲハの生態に関心をもつことができ、想像・創造世界を拡げることができます。子どもとともに見やすい環境について考えて、四季を通じて整えていきたいものです。

🌷少し離れた自然

　5月になると風も爽やかで大空をこいのぼりが泳ぐようになります。こいのぼりの影ふみをしてあそびます。今までの身近な生き物から少し離れた自然と協働することができるようになります。こいのぼりは空を泳いでいるように見えるけれど、

「風を飲みこんでいる」

「食べたけど、尻尾から出しているんとちがう」

「夕方になると降りてきて箱に入って寝るもん」

と風や空気で泳いでいることがわかります。こいのぼりは手の届くところから手の届かないところへ飛んでいく、いわば身近な自然から少し離れた自然への道案内となります。「こどもの日」を行事だけではなく、計画的で持続的な取り組みとして保育内容に位置づけることができます。

　5・6月になって雨季になると小動物たちが出てきます。オタマジャクシ、カエル、ザリガニ（メダカ、カメなど）たちです。生息している場所は土の上から水中となり、ダンゴムシのように捕まえることが容易ではなくなります。子どもたちの行動範囲も広がり、歩行がしっかりしてくると水辺の安全に気をつけることができるので、たんぼでのオタマジャクシ捕りやカエル捕りもできるようになります。4・5歳児はじっくり待って、ザリガニを釣り上げる経験もします。

　ツバメが4月の中旬から軒先で巣作りをはじめます。5・6月にはえさも多く、子育てをはじます。ツバメの飛び方は早いが、ゆっくり巣の周辺で見ていると子ツバメへのえさやりをはじめます。えさをどこまでとりに行っているのか、雨が降った時のえさとりはどうするのかなど、少し広く、高い見えない周辺も予期し想像しはじます。

　公園のクローバ広場に園外保育に行った時でした。そこへきているモンシロチョウ、それをめがけてツバメが飛び交い、子どもたちも一緒になって飛びはじめた時には驚きました。自然と子どもが一体となったひと時でした。巣作りは見えても飛びはじめると、速くどこまで飛んで行くのかわからなかったけれど、こんな草原で虫をとっていたことがわかりました。田んぼや川など調べたり、聞いたり

しながら、すこし離れた自然を探求していきます。(拙著『身ぶり、ごっこ、劇あそび―心はじける子どもの世界―』フォーラムA　1998)

🌷遠く離れた自然

雨季でカエルなど身近に見ていると、棲んでいる池や川に降ってくる雨は、空からか、雲からかと身近に見える事象から雷・虹などの大きく遠い自然への興味や関心を広げるようになります。4・5歳児は雨が流れていく川から、川上へと想像を広げ、高い山へとだんだんと高く遠く離れた自然に関心を示し探索をはじめます。ちょうどそのころにある七夕の行事などから星や天の川、夏の大三角などの天空にも関心を深めていきます。

七夕の祭りは古く、奈良時代から行われてきたものです。農耕・織物をして暮らしていた昔の人々が、天の雲行きに左右されながら田植えも終わりほっと一息した時、星々を見て物語（七夕伝説）を創っていったことがうかがえます。

子どもたちの生活も近い自然から遠い自然に向けて徐々に探索を広め発見をしていきます。この過程は人の歴史や文化の進化とも共通した道筋を通っています。

環境の空間的広がりや時間的広がりが子どもたちに大きな変化・発達をもたらすことを考えて、この身近な自然、少し離れた自然、遠く離れた自然を子どもと共に探索し、発見しながら年齢とともに質的広がりを模索する保育展開を創造していくことが望まれます。

3．想像世界を拡大する身ぶり表現へ

0歳児が環境から「もの」を自ら見つけて触れたい、取りたい、次にはものの方へ連れて行って欲しいなどの気持ちで手を動かし、「あっ、あっ」と声を出し、目を見て訴えることで意図や意味を伝えようとします。まだはっきりしない意味のあいまいなしぐさを麻生は「原身ぶり」（『身ぶりからことばへ　赤ちゃんにみる私たちの起源』麻生武　新曜社　1992　p.270）と呼んでいます。手を伸ばすしぐさは、

まわりの出来事や事象を知覚し、それらに能動的に反応する主体であると認識しはじめたことであり、またおとなとの行為の共働を表現しはじめたことを意味します。身ぶり表現の原初であるとも考え"原身ぶり表現"とし、ここからはじまる身ぶり表現と想像について考えます。

（1） 想像とは

環境の中にチューリップを見つけて、両手のひらを合わせてチューリップに自分がなったように（1章2－1）、環境と出会うと模倣するという身ぶりの中に想像は生まれます。1歳になったばかりの0歳児クラスR君が、自分では5歳児のように「エイサー」は踊れないけれど積木をパーランクに見たてて踊っているつもりになって身ぶり表現しました。（1章1－1）5歳児のように、衣装をつけて、パーランクを奏で、大地（園庭）をふみしめて、音楽のリズムに合わせて踊る姿に感動し協働したからです。0歳児の保育室で早く自分もしたいと思い、

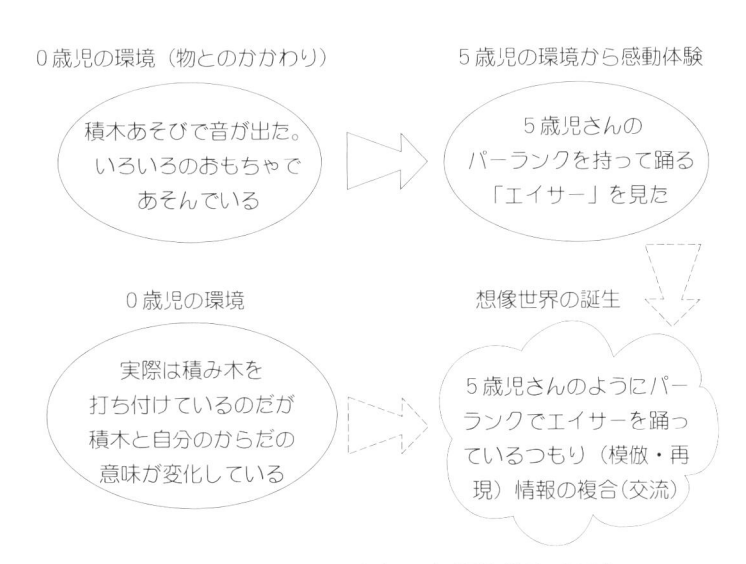

0歳児の環境（物とのかかわり）　　　　　5歳児の環境から感動体験

積木あそびで音が出た。
いろいろのおもちゃで
あそんでいる

▷

5歳児さんの
パーランクを持って踊る
「エイサー」を見た

0歳児の環境　　　　　　　　　　　　　　想像世界の誕生

実際は積み木を
打ち付けているのだが
積木と自分のからだの
意味が変化している

▷

5歳児さんのようにパーランクでエイサーを踊っているつもり（模倣・再現）情報の複合（交流）

図1　R君のパーランクあそび（想像世界の誕生）

今まで音を出してきた積木の経験から小積木をカチカチと合わせて自分のからだで再現した身ぶり表現です。R君にとっては新たなあそびの再現であり想像であり、創造したあそびでした。

このR君が5歳児の環境から模倣をして自分の環境から共通するものを選択し、再現したあそびは予期的力を発揮して想像から次のあそびを創造したといえます。つまり、見た環境と自分の環境との相互の関わりにおいて生まれた身ぶり表現は現実についての認識が前提となって発生していることがわかります。

❀身ぶり表現で想像し知覚する

予期的行動は現実経験そっくりそのままではなく、これまでの積み木は音が出るという経験と、5歳児の見たものとが複合され、からだを通して想像が生み出されたのです。想像は現実の目に見えるものと意味するものを分離し、現実経験では見られないような新しい想像世界を生み出します。(図1)

おとなが原身ぶりの時期によく見て、これまでの子どものあそんで得た力と、今どこで何に感動しているのかという子どもの情況を逃さず受け止め共感する直観力、洞察力が子どもの想像力を拡げます。

(2) 身ぶり表現を構成する要素

「模倣」とは自分で創り出すのではなく、すでにあるものをまねてならうことです。環境に実在しているものや人の動きや行為をまねることです。子どもの模倣あそびは子ども独自のほほえましい行為と見逃しやすいものです。しかし、その内容は多くの発達を内包しています。これまでの模倣やふり行為の研究成果をまとめた高橋の「ふり行為の4つの構成要素」をもとに身ぶり表現の発達を考えます。(『想像と現実　子供のふり遊びの世界』高橋たまき　ブレーン出版　1989)

1章で身ぶりをする子どもたちの環境と協働しながら想像を創り出してきた姿と合わせてみてください。

🌱身ぶりのはじまり（日常生活からの逸脱）

眠たくないのに「寝たふり」をするというように、日常の生活場面とは別の文脈で発生します。日常生活の場面で繰り返し行われて充分熟知した協働する行為は、その延長線上に想像を生み出します。食べることや食べさせることから模倣をはじめます。これが身ぶりで、身ぶり表現の原初です。（これを高橋は〝ふり行為〟としています）この模倣や・再現が広がると、模倣の対象がおとなから人形に、友だち同士に広がっていきます。

🌱ものを見たてる（積み木を電車に　ものと行為から思考が分離する）

1歳児は、歩行が確立し、現実生活の中でものの使い方を徐々に習得していきます。そこで現実のものに近い形のものを見つけて見たてます。積木を電車に見たてて、電車を動かす模倣をします。電車の運転はできないけれど、よく似た形の積木を電車に見たてて、運転している身ぶりをするようになります。泥だんごをおだんごに、小枝をスプーンやおはしに葉っぱをお皿に、木の葉や泥だんごは現実のお皿やおまんじゅうからその意味を抽出する支柱となります。現実に使えるようになったスプーンやおはしを形の似た小枝から見たてます。

ヴィゴツキーは「もの見たての現象は、ものと行為から思考が分離する重要な一段階である」（『子どもの想像力と創造』ヴィゴツキー　福井研介訳　新読書社　2002）としています。思考の分離こそ、想像と

図2　見たてつもりの子ども

いうことになります。想像や思考は、環境としてのものと子どもの協働で、かかわりながらその相互作用で生まれるのであり、想像や思考が独自に生まれてくるものではないことも明らかです。

5歳児でも、積木で家やマンションを作ったり、長いスカートなど履いてお姫様になったりしている様子を見ると、多様な環境や情報に接しその中に生まれる身ぶり表現が思考や想像を生み出していることがわかります。このことは、第3章で述べる劇づくりでの道具を見たて、道具を支えにして身ぶり表現や劇の役を演じていく段階と関わりながら見ることができます。

🌷 つもりになる　人見たてをする

自分が他者の役割を演じることを人見たてといいます。お母さんになって、お母さん役であそびます。お母さん役にすぐなれるのは、子どもにとってお母さんは一番身近な大好きなおとなであり、毎日の生活でお母さんをよく見ているからです。母親の役にすぐなれるだけの情報が確かなものになっているからです。自分をお母さんに見たて、お母さんのつもりになっているのです。

自分がお母さんになって、ままごと道具などでままごとごっこや家族ごっこをしはじめます。これも模倣、見たて、つもりになって想像することが子どもの間で共有できるようになったことを示します。

お母さん役をして、お母さんの様子を模倣し、母親の身ぶり表現をすることで、漠然と見ていたお母さんのことを、さらによく思い出したり見たりして、ごっこの身ぶり表現内容を深めていきます。

このお母さんごっこのあそびの中で、包丁の使い方や洗たくもののたたみ方を会得したりなどの新たな技能を習得して、日常の行動を柔軟に多様に身につけていくようになります。その上に、お母さんという自分とは違う他者の立場から自分や周囲の世界を見直すことができるようになります。

子どもが生活環境のなかで人見たてをして誰かになったつもりで想像的な身ぶり表現をするためには、家族や地域の人や動物・自然環境をよく見て、人見たて行為の特徴に気づくことが大切です。そして共感しながら、身ぶり表現で楽しさ

を共有したり、発展させたり、おはなしを介して、主人公のつもりになることを楽しむように保育を想像的に展開しましょう。

身ぶり表現のものがたり的な拡がり

もの見たてや人見たてを総合して、ごっこあそびが楽しくなるにつれて、現実の生活のように連続させて、おはなしのように順序だてて進めたり、おはなしの一部分や、はじめから終わりまでを子ども同士で進めたりするごっこあそびをはじめます。

「お母さんがお買い物にいって、料理を作って、子どもに食べさせて、お片づけをしてお風呂に入って……」など、日常生活の再現がおはなしのように発展したり、知っている料理の仕方が材料や色にこだわるなど精密化する身ぶり表現を楽しんであそびます。即興的にごっこあそびの筋は発展します。おはなしの〝赤ずきん″になってお母さんとの会話やおおかみとの出会い、赤ずきんが助かるところまでをごっこあそびでしはじめます。おはなしごっこあそびです。

日常的な生活ごっこがストーリー化してあそびはじめる4・5歳児は、さらに自分たちが想像したはちごっこや電車ごっこ、おはなしごっこなどを筋だて、他者のつもりになって想像的にものがたりを創りあげる表現力をつけます。

この4つのふり行為の構成要素は、それぞれに0歳から5歳児までの発達過程の中であらわれますが、それぞれが縦断して関わり合いながら、1歳から2歳にかけて見たてつもりであそび、3歳児期にこれらが総合されてごっこあそびの花開く時を迎えます。3・4歳児期にはごっこあそびの中で役割あそびが多くなり、ものがたり化し、5歳児では役割あそびからルールのあるあそびへと発展していきます。

以上4つの構成要素に見られる模倣や身ぶり表現の変化する過程で、子どもの想像したあそびをおとなと共に身ぶり表現と話し合いも含めてより豊かに展開し、ごっこあそびの内容やものがたりごっこの内容を楽しみながら深めていきます。身ぶり表現とごっこあそびの集大成が、劇ごっこや劇づくりに発展します。これ

は3章の劇づくりに続きます。

> **付記** 今保育者の悩みは、お母さんごっこができないことです。どのお母さんも料理をキッチンで作っているとは限らず、包丁を使っているとは限りません。生活様式の変化はあそび文化を変化させています。

（3） 想像力を発見、発展させる身ぶり表現

　想像力が発生するのは、以上のように、①想像は環境と子どもとが相互に協働する中で生まれています。環境なくして生まれる想像はありません。「理解できないものは模倣できない」とヴィゴツキーは言っています。この理解とは直感的にからだで表現することであり、理解とは認識することです。②想像は環境の探索や発見を拡大します。R君が音の出るものをいろいろと選びだして「エイサー」を踊ったことが示しています。③想像は感動することからはじまります。R君が5歳児の「エイサー」に感動したように、感動とともに瞬間的にとらえたことが身ぶり表現になってあらわれています。絵本を楽しむ子どもたちも感動的にとらえて、文や絵から想像を広げます。④想像は創造を生み出します。R君は新たなあそびを創り出しました。これから絵を描いたり歌ったりおはなしを聞いたりして、新たなあそびを想像していきますが、5歳児までにごっこあそびや劇あそびを創り出す力につながります。⑤想像は子どもの自由な世界の拡がりです。

　今まで環境に発見したことやからだで表現してきたこと（経験）や、今探索している途中でありながら、次に起こることをもっと深く知ろうとするところに新たな想像が生まれていきます。誰でも想像することができます。

　環境の変化により想像が生まれていることを次の実践が示しています。

🌷展開するごっこあそび

　ある幼稚園3歳児6月の実践です。
　一昨日は池で木の棒で魚つりごっこをしていたA君、保育者は危ないのでブド

ウの蔓を切ろうと「あれをチョキンチョキンするね」と言うと目を輝かせた。
　A君「先生、チョキンチョキンしてよ」ブドウの蔓を切って渡すと他児も取りにきた。
　それからのあそびは、A君が「おばあちゃん家に行こう」と友だちを誘う⇒誘われた友だちも一緒⇒蔓を持って三輪車で砂場の横を通る⇒信号あそびを思い出してあそぶ⇒おばあちゃん家に行くことを思い出す⇒通りかかった金魚池を眺める⇒一昨日の魚釣りを思い出す⇒魚を入れるものがないことに気づき自分はトレイ、先生にはバケツを渡す。
　ここから一昨日の魚釣りごっこがはじまっています。他児も続いています。
　「大きいの釣れましたよ。こんなに大きいですよ」
　「小さいの釣れました」
　「こ〜んなに大きいの釣れましたよ」
　T「大丈夫かな、持てるかな。ん〜重い！重いよ〜持てないよ〜」の必死な表情に子どもたちは
　「ここにつけてください！」
　「ここつけて！」
　Tはよくわからないが、竿にまたつけてくれと言っている様子で、Tが子どもの竿に大きな魚をつけたふりをするとA君とD君は重そうに持ち、池に戻すふりをして、
　「どぼん！」と音までことばで添えている。
　この後、釣った魚はおばあちゃんに届け、そこで魚を料理し、土を葉で包んだ柏もち、ほかにケーキなどで誕生日パーティをしている。そのあと、蔓は
　「雨だ！　雨だ雨だ！」
　の友だちのことばで傘となり、ダンゴムシのいる箱に行き「もう大丈夫ですよ」と声をかけている。
　前日に読んだ『あめがふるひに』（イ・ヘリ文／絵　ピョン・キジャ訳　くもん出版 2005）の身ぶり表現であそんでいたことが、釣りあそびからの発展となっていたようです。

このあそびは、一昨日の魚釣りあそびの経験の続きに、本物のようにしなる蔦の竿があったこと、スクーターに乗ることで遠くへ行くことができると考えおばあちゃんの家へ行くことにし、これまでにあそんだ信号や池のそばを通ってそれぞれのあそびを思い出しています。「こうしようと考えてあそぶよりはからだがまず動き、その場にくるとその環境がそのあそびを思い出させるようだ」と実践者は書いています。（国公立公立幼稚園・研究会　大阪教育大学附属幼稚園『見立て遊びを通して「かかわる力」を育む〜ぶどうの蔓をいろいろに見立てる遊びを考察する〜』2013）

　ぶどうの蔓、鉄棒、ログハウス、池、砂場、ダンゴムシの箱などの園庭の環境から、見たてたり、つもりになったりしながら、環境が変化するたびに想像も自由に操作し変化させながら、あそびを創り出しています。釣り経験のあるＡ君は釣りの意味を知っていて、あそびの中で釣ったつもりの魚はおばあちゃんの家への"おみやげ"となって届けられてます。おばあちゃんの家でのあそびは家庭でも園でもやってきた"誕生会"となっています。信号などの生活環境、自然環境、文化環境から子どももおとなも探索し、発見し、からだで表現しながら意味を柔軟に探しあて、自分たちのあそびを創造しています。おとなもからだで共感、協働し、想像的に環境に加わり、子どもにとっての環境となってあそびを援助しています。
　つまり、新たなあそびの想像は、環境の中でからだを動かして移動しながら、からだ全体で、子どもとおとなとで、表現し創り出すのです。

環境から想像、創造へ

　以上、自然の中で子どもたちがあそんできたカタツムリ、アサガオ、雨、釣りなどを環境からからだを通して見つけ、さらに身ぶり表現し、それらの変化する過程を知覚し、認識しながら環境への関心を深めてきました。このように環境とかかわりながら想像し、認識を豊かにして、想像から創造へのプロセスを図式化したものが図3となります。

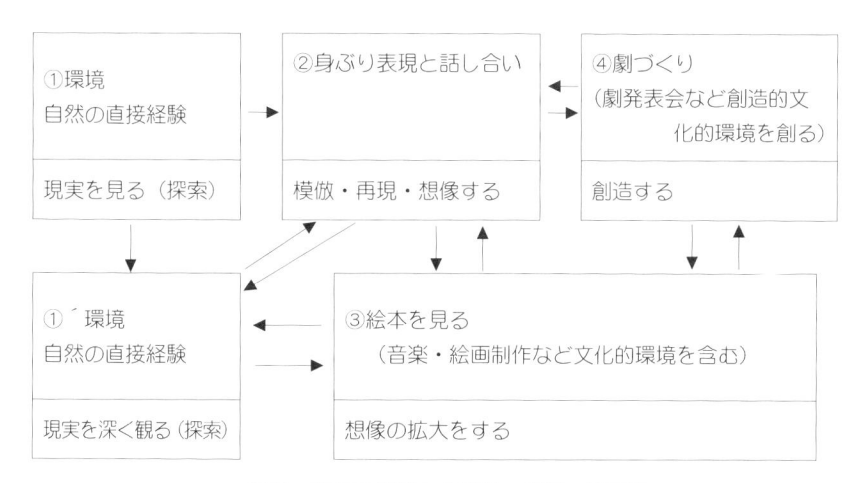

```
┌─────────────┐   ┌──────────────┐   ┌──────────────────┐
│ ①環境       │→  │ ②身ぶり表現と │ ← │ ④劇づくり        │
│ 自然の直接経験│   │  話し合い    │   │ (劇発表会など創造的│
│             │   │              │   │  文化的環境を創る)│
├─────────────┤   ├──────────────┤   ├──────────────────┤
│ 現実を見る  │   │ 模倣・再現・ │   │ 創造する         │
│ (探索)      │   │ 想像する     │   │                  │
└─────────────┘   └──────────────┘   └──────────────────┘
        ↓              ↑ ↓                    ↑
┌─────────────┐   ┌──────────────────────────────────────┐
│ ①´環境      │ ← │ ③絵本を見る                          │
│ 自然の直接経験│   │ (音楽・絵画制作など文化的環境を含む) │
├─────────────┤   ├──────────────────────────────────────┤
│ 現実を深く観る│   │ 想像の拡大をする                     │
│ (探索)      │   │                                      │
└─────────────┘   └──────────────────────────────────────┘
```

図3　現実の環境から想像・創造への過程
(矢印が示すように現実と想像・創造は地続きで変化する)

　環境から予期的想像をする子どもたちと身ぶり表現と話し合いをすることで、新しい想像を創り出します。

　①環境を探索し、からだで協働し、想像を生み出します。模倣から身ぶり表現をする時に新たな想像が生れます。この身ぶり表現を ②おとなと子どもと子ども集団で模倣・再現・想像の身ぶり表現しながら新たに想像を拡げます。知らないことをからだで表現して予期的に振舞う、この過程に新たな想像が生まれます。想像はさらに ①´に返り、同じ環境であっても以前見た ①の環境をより深く探索し、環境の変化も知覚できるようになります。

　③ 想像を拡大するには自然的環境に加えて、絵本・文学などを援用します。これらは子どものためにかかれたおとなの創り出した文化的環境です。おとなが自然や社会環境から生み出したもので子どもにわかりやすく、想像しやすく楽しめるようにできています。加えて音楽・絵画製作なども想像を拡大します。そして、絵本をもとに、さらに劇を創造します。

　想像の拡大については上図③と合わせて、第2章　身ぶり表現と文学、さらに創造④については第3章、第4章の身ぶり表現と劇づくりで、現実から想像・創造への保育の重要性について考えます。

4．想像的な身ぶり表現と話し合いの進め方、拡げ方

　環境にからだが協働しつつ、予期的想像を拡げていきますが、この協働する身ぶり表現で子どもとおとなとで、さらに想像を拡げていくことができます。これまで述べてきた実践でも明らかにしてきましたが、ここではそれぞれの年齢に応じた進め方、拡げ方を見ていきます。

（1）　原身ぶり表現

　子どもたちは、新しい環境や動く環境、変化のある環境を共感的にからだで受け止めます。おとなにとっては日常である家族との生活も、0歳児の子どもたちにとっては日々新しく開けていく世界です。探索と発見と自分自身のからだの変化を見ています。子どもがからだを動かして見たものや聞いたもの、触れたものや味わったもの、嗅いだものなどを知覚していくことに、おとなは表情やからだ、ことばで共感しましょう。
　0歳児は寝返り、座り、這い、立って歩くようになるまで自分のからだを変化させていきます。この間に環境に共感してからだを対応させたこと、伝えたい気持ちを察知しながら、固有の原身ぶり表現を読み取っていきましょう。見ているものを見ている自分に置き換える子ども、環境の間で知覚や認識が芽生え、からだが変化していくこの時期が、からだで表現する大事なスタートの時期となります。この環境の中に生まれ、からだを通して表現しはじめる0歳児の段階が原身ぶり表現期です。
　具体的な事例は、「こーいこーい」「5歳児のエイサーの模倣」などです。床に洩らした温かな尿の感覚を手や足で受け止めている様子なども、原身ぶり表現ととらえ、おとなが共感することが、子どもがからだを使い思考することの基礎となります。

（２）　１歳児期の身ぶり表現　身ぶり表現の変化

　１歳児になると食べる、寝る、服を着る、排せつをするなど基本的なからだの動きや対応の仕方がわかるようになります。伝えたいこともからだとことばで伝えられるようになると、寝たり食べたりする日常生活から、寝たつもり食べたつもりの想像世界であそびはじめます。この想像する身ぶり表現も歩行の確立と補い合っていることがわかるのが次の１歳児の実践です。

　保育園の実践です。
　１歳児が散歩中、家と家の間においてあった自転車にかけられた黒のビニールシートが怖くて、そこを通れません。おばけ道だと言って、みんなでそっとそっと通りぬけています。黒い怖いものをおばけに見たてて、だんだんその道を通れるようになりました。（兵庫県の滝本智子　１歳児の実践『１歳児の実践』第49回全国保育問題研究会福岡大会　2010）
　おとなも昔から、暗くてよく見えないもの、大きく動く得体の知れないものなど、困難に出くわした時「お化け」としてきました。そして怖がりながら解決へ導き、その結果を楽しむというお化けの文化を楽しんできました。山姥やトロルなども同じであろうと思います。

　このクラスはおはなしの好きなクラスで、絵本の『だるまさんが』（かがくいひろ作、ブロンズ新社　2007）を見て、「どてっ」でしゃがみこんだり倒れたりしながらからだで楽しんでいた子どもたちです。怖いものの前を通る時も、みんなでそっとそっと小腰をかがめて怖いものへの対応を共有しながら乗り越えています。
　手やからだの自由が、身ぶり表現を可能にし、出はじめたことばを加えて表現全体から、相手の伝えたい意味を受け止めることもできるようになります。１歳児期の身ぶり表現の発達は、基本的には歩行の確立とことばのはじまりです。一

人で歩けるようになったことにより、そのからだや手を自由に使うようになると外の環境が広がり、たくさんのことを見たり、聞いたり、触れたりして、からだでの活動が広がり、身ぶり表現も飛躍的に多くなります。また、身ぶり表現でイメージを共有することで歩行の確立を促すとも言えます。

　1歳児では、歩行の確立で広がった環境から多くを探索・発見したものを模倣しながら想像を楽しむことや、絵本の中のねこや電車の模倣から1歳児独自の身ぶり表現による想像世界を自由なものにしはじめます。

　おとなは、子どもと一緒に環境に対応しながら、子どもの想像世界を発見し、共振し、からだとことばで、その変化に対応していきましょう。

（3）　2歳児期の身ぶり表現　見たてつもりと結びつける

　2歳児ごろに身ぶり表現も新たな段階に入ります。生活現実が拡大し、気持ちを伝えることばも増えます。しかし、広がったことばで説明できず、したいことと言いたいこととが伝わりにくく、トラブルも起きます。そこで具体物も使いながら、もの見たてや人見たてをして、イメージの共有を図り、みんなが自我の確立へと向かえるようにします。

　身ぶり表現を子どもとともにしている時、2歳児ではこんなことが起こります。自分が赤ずきんのふりをして、積極的・能動的に赤ずきんになって、かごを持って森へ出かけるあそびをすることで、赤ずきんになっている自分を認識することができます。この時、赤ずきんの身ぶり表現を楽しんでいる子どもにとって、おおかみになっている相手を見て、さらに赤ずきんのふり行為ができる場合と、赤ずきんではなく、自分にかえって怖くなって、泣いてしまう場合があります。

　おおかみはだましにきているので、今は食べられない。しかし、おばあさんのおうちではだまされて、食べられてしまう。でも、助けられるから大丈夫という、相手の役の気持ちもわかって、おはなしの想像世界が理解できるかどうかが節目となります。2歳児は本当の自分とふり行為をしている自分を認識する境目となります。

2歳児は、身ぶり表現をしている自分と、現実の自分の間に空間があります。この空間をなくすためには、なっている（演じている）自分を意識して、怖いが演じ続けることで、ドキドキするがおもしろいという積極的な意識が必要です。2歳児が相手の考えを想像して自分の行動を決めることができるようになります。相手のことを推理したり、判断したり、予測したりする力をつけていくようになりはじめます。

　この表現では、自分が目をつむって何も見えなくなったからかくれているつもりであるという自分一人の想像から、かくれているふりをしているので、相手も見えないよと自分を客観視できることがこの身ぶり表現の楽しさを成立させています。虚構の世界と言われるイメージの世界は、こういった現実と想像の世界が2歳児期に明らかになります。

　先にあげた赤ずきんと同じく2歳児は、『おおかみと七ひきのこやぎ』（フェリクス・ホフマン絵　せたていじ訳　福音館書店　1967）でだまされてドアを開けて、おおかみに食べられてもお母さんが助けてくれることが予想できるかできないかの境目にいます。よく知っているおとながおおかみ役になっていても怖がってかくれる2歳児が見られます。怖がりながらもおはなしのように戸を開けに行くのは勇気のいることになります。それが乗り越えられて、食べられてもおおかみのおなかというのはこの大きな袋（または丸く囲いをした中）を見たてているのだとわかりはじめると身ぶり表現の楽しさが成立します。怖がりながらも楽しい想像世界を体験しているのです。（2章3参照）

　怖い、勇気が出ない、絶対に戸は開けたくないという想像から、さらに先を予測して新たな想像世界を認識しはじめる2歳から3歳にかけての身ぶり表現です。

共通性と差異性について

　歩いて、散歩先で見つけたダンゴムシに自分たちとの共通性を見つけます。自分と同じように食べる、排せつする、眠る、けんかするなど自分に似ている動きに共感しながら想像世界を拡げていきます。

　「だんごむしさん、ケーキ食べるねん」

「ちょうちょうさん、お布団でねんね、してる」

など、身ぶり表現をしながら話します。自分と環境とのかかわりの延長線上で想像しているのです。自分と共通性を見つけて想像しているのです。この時のおとなは子ども自身がだんごむしやちょうちょうになって模倣していることを大事に受けとめ、子どもが想像している世界で共感しましょう。ダンゴムシはケーキを食べないよと言ってしまわず、子どもが次に自分で気づくようになるまで継続してダンゴムシを見てあそんでいきましょう。

小虫に興味をもった子どもは繰り返し、探したり、見たりします。飼育もして、身近で見ることができるようになると、ますますよく見て、発見していきます。見ているうちに、子どもたちは自分との違い、小虫たちとの差異性に目を向けるようになります。

自分と小虫は形が違う、動きも違う、住んでいるところや排泄物や生活の仕方が違うなどの差異を見つけます。この差異性に子どもたちは気づき、驚きや好奇心を引き起こした結果、見たものから気づいたものへ拡がった新たなイメージ世界を想像して楽しむようになります。

ダンゴムシの食べ物をケーキと思っていた子どもは、草であることに気づき、布団で寝ると思っていた子どもは、草や木の葉の下や土の穴の中であることを認識していきます。

この興味の広がりにより、もっと現実を見ようとしはじめ、環境への興味を深めていきます。クラスで想像の広がりは共有されていきます。（55頁 図3参照）

見たものから想像する世界の繰り返しは、興味のある虫たちの模倣を見たてたりつもりになってごっこあそびをします。お家を積木でつくって、だんごむしごっこをはじめます。だんごむしになってあそぶことでだんごむしのイメージを共有した子どもたち同士は、だんごむしの世界を自分たちで創り出してごっこあそびをします。

(4) 3歳児期の身ぶり表現

　3歳児はごっこあそびが楽しくなります。それは生活の広がり、身体的発達とことばの獲得があり、生活再現あそびや、簡単な対立のあるおはなしごっこあそびが共有できはじめるからです。

　3歳児は、おはなしを身ぶり表現することにより、おはなしの奥にあって見えないものも想像できるようになります。絵本を見て、4歳児のように『おおかみと七ひきのこやぎ』のおおかみの声や手はお母さんのように見えているが本当はおおかみであり、こやぎたちはだまされていることを理解することができます。しかし、3歳児は4歳児とおなじようにように絵本を見ながら「だまされるよ」「違う違う」とおおかみのことがわかっていますが、実際に自分がやぎになってみると2歳児のように怖くなってしまう子どももでてきます。おおかみ役の身ぶり表現をしながら、だましてこやぎを食べようとしたり、食べてしまうおおかみの立場も経験して、怖さを克服していきます。経験に即した意識や「どうして」と考えはじめられる推理力が、おはなしの理解を深めます。ことばも増え、双方の行動もわかり、筋を理解する力も身ぶり表現や話し合いによる過程で得られます。

　この想像と現実を本田はこのように言い表しています。

> 　こどもたちは、二重の世界を捉え、二重の層にその生を展開する。彼らが生きるのは、二重の視力で世界を捉え、二重の層にその生を展開する。彼らが生きるのは、「現実」と「非現実」が同居し、「昼」と「夜」が共存する世界である。昼の光の下には大人たちの依拠する秩序の論理が位置して、彼らをその中に組み込むべく着々とその営みを続けている。しかし、同時にまた、何食わぬ面持ちで「夜」も同居している。子どもたちは、昼の光の下に「夜」を挿入し、情動と想像の闇にまどろむ。「夜の世界」では彼らの無意識が活発化して、神話的・魔術的な思考を可能にする。し

がって遊ぶ子どもたちは、時として別の他者に変身している。こうして彼らは、その肉体に「秩序」と「反秩序」を一体化させ、裂け目のないまろやかさの中に嬉々として自足するのだ。

(『変貌する子ども世界』本田和子　中央公論新社　1999)

　このようにわき出る雲のように想像世界の出入りを楽しんでいる子ども世界を理解しましょう。子どもの前にあらわれる見知らぬもの、怖いものや悩みや葛藤などから、身をかくしたり、和らげたり、乗り越えたりする力も、神話的魔術的な思考によるのではないでしょうか。この出入りする子どもの想像は、文学の想像へ拡がるものです。身ぶり表現を通して、想像世界を拡大していきましょう。この身ぶり表現の節は劇の実践を通して、想像範囲が広く展開するように、子どもの想像世界を受け止め、拡げる援助・保育・教育が求められます。
（4章の「身ぶり表現から劇づくりの実際」を参照ください）

だんごむしごっこをはじめた3歳児

幼稚園3歳新入児の実践です。
　5月1日（火）A保育者記録より
　3歳児の子どもがだんごむしの気持ちになって楽しんだ様子です。
　今日は、ダンゴムシが丸くなる、転がる、仰向けになる、眠るなどを自由あそびの時に数人で見た。ダンゴムシが土や葉っぱの下にもぐっている様子をみんなに伝えたいと思った。
T「今日ね、A君がダンゴムシ見てたら何か発見したんだよ。ダンゴムシさんどこかにもぐっていたね」
　A「うん！　土の中にもぐってた！」
T「そうやったね。土の中にダンゴムシさんもぐっていたね。Oちゃんも見ててんね」
　Oちゃんうなずく。Oちゃんは、毎朝母親と離れる時に泣いて登園してきている。みんなの前でも話すことが少しでも自信につながればと思った。

T「どこにかくれてたのか、みんなにも教えてあげて」
　O「はっぱ」
T「そうやねぇ。葉っぱの下にかくれてたのを見たね。どんなになってたのかな。今日もだんごむしさん、あそびに行こうかな」
　子どもたちは、這って動きだしたり、丸くなったりする。よく見ていた子どもたちが、ころころしている様子を表現している。
　G君は、「ころころころ」と口で言いながら表現している。
T「Gちゃんはほんとによく転がっているね」
　G「ぼくは赤ちゃんのだんごむしやねん」
T「赤ちゃんのだんごむしさんだって！　ほんとだ！　小さいね！」
　だんごむしにも大きさがあることに気づきはじめた子どももいる。
T「赤ちゃんのだんごむしさん、動いている時も小さいんだね。大丈夫ですか」

　ころころ転がす。（楽しくなるだろうと予測できるあそびを保育者が提起する）
T「大変！　大変！　お母さんだんごむしが赤ちゃんだんごむしさんを助けてあげますよ。池に落ちると大変！」
　ころころと小さくなって転がり出す子どもを抱きかかえるように止める。他の子どもたちも嬉しくなって、小さくなっては転がりはじめる。抱き止めると喜ぶ。
T「ああよかった。転がって池に落ちるかと思った。お家に帰っていてね」
　止められた子どもは椅子にかえって他の子どもの表現を見る。
T「赤ちゃんだんごむし、池に転がり落ちなくてよかったね。今度は何してあそぼうかな」
　B「かくれんぼしたい！」
　子どもがイメージしていることに、共感しながらあそびを展開することで、子どもとのイメージの共有することができる。
T「かくれんぼしたいの？　おもしろそうだね」
　B「先生が鬼やで」
T「先生が鬼？　わかった！　じゃあ探すよ」

子どもたちがかくれはじめたが、想像世界でかくれる子どもと現実の椅子にかくれる子どもとにわかれる。（この時にものにかくれた子どもを否定しない）
　想像世界でかくれている子どもたちを
T「葉っぱの下にかくれているんだね。全然見えないわ」
　「葉っぱも全然動かないからどこにいるかわからないわ！」
など認めながら、何となく迷っている子どもたちと一緒に保育者もかくれて、
T「大変、見つかっちゃうよ。葉っぱの下においで、おいで」と誘う。
　そうすると必死にかくれる。Tが少し頭をあげてまわりを見ようとすると
「あかんあかん！　見つかるで」と子どもたちが言いだした。
T「上手にかくれてるね。葉っぱばっかりで、見つからないな」
　「みんなもう大丈夫だよ。出ておいで」「今日もダンゴムシごっこ楽しかったね。B君の考えたかくれんぼも楽しかったね。みんな一生懸命かくれてたね。全然動かないからわからなかったわ。またかくれんぼしてあそぼうね」

　入園間もない3歳児ですが、ダンゴムシを繰り返し見ながら土の中や葉の下にかくれていることを発見しています。ダンゴムシへの興味の深まりで、O君は友だちの中に存在場所を見つけています。
　また、だんごむしになったことから、さらにCちゃんは、自分を赤ちゃんだんごむしと見立て、想像しています。
　自分を赤ちゃんに見立てたことから、抱っこして助けてもらえるというあそびに発展したことは、Cちゃんにとっては、うれしいことだったと思います。Cちゃんだけでなく、クラス全員で共有するイメージの世界を創り出しています。このイメージを共有した子どもたちは、自分がかくれることの意味を理解し、さらに他者の立場に気づき、注意するほどイメージを深めています。
　個々の発見を受け止め、イメージの変化も受け止め発展させるおとなの動きが、3歳児の集団的なイメージを深めます。
　子どもの表現することには子どものとらえた筋道があるのです。もののリアルさを追求して概念的に理解させることではなく、今の環境から子どもがからだで

発見したものを身ぶり表現して、その先に見えてくるものを理解し、認識していきます。新入児の身ぶり表現の初期のイメージを多面的に溜め込んでおくことが、次の想像への基礎となり、想像を自ら深めていく土台となります。

　おとなと子どもの役割あそびは、やがて子どもと子どもの役割あそびに発展します。

（5）　4歳児の身ぶり表現

　経験も豊富になり、ことばが思考の道具になる4歳児が、さらに想像世界や現実をよく見るように身ぶり表現をします。想像世界と現実とを結びつけて新たに考えはじめるのも身ぶり表現からです。

🌷かたつむりになってカタツムリが好きになる

　保育園の4歳児の実践です。
　6月6日
　カタツムリを登園の途中で見つけた子どもがもってきてみんなで見ました。
T「かたつむり、どうしていたのかな」
　C：かたつむりになって這う。両手を角にして這う。背中を丸めて這うなど工夫が見られる。葉っぱを食べている。かくれている子どももいる。
T「今日は雨が降っているけど、かたつむりはどうしているのかしら」
　C「顔、洗う」
　C：顔を横に振る。手で拭く子どももある。（それぞれの表現を認める）
T「顔がきれいになったね。外へでかけようね」
　C：木の枝を這っている。
　C：雨に濡れた枝を注意して歩いている。
T「雨で枝が濡れてる時歩きにくそうやね」
　C：ますます慎重になる。注意して這う表現に変わる。
　と、突然

H「小鳥が食べにきたよ」と言って飛びながら、一人の子どもに迫ったが、かたつむりになっている子どもは動かなかった。

まわりの子どもたちはどうなるかとじっと見ていた。

H君は他の子どもの方へも行った。他の子どもたちは、はっとして自分の方にも来るんだと思い、動き出す子ども、逃げる子ども、じっとかくれている子どもなどそれぞれに表現する。怖くなってTのもとへきてかくれた子どもたちのそばにH君が飛んできて、じっと角の出るのを待っている。なかなか角を出さないので他のかたつむりをねらって飛んで行った。その時Tのそばにいた子どもたちはほっとして角を出して、移動をはじめた。

気がついたH君が、かえってきたが、かたつむりになった子どもたちは素早く角をかくして小さくなった。怖がっていた子どもたちもこれで安心したように、Tの移動する方向を見て動き出すことを楽しみだした。子ども自ら役割に分かれての身ぶり表現となった。

食べ物がないけれどどうしようかと相談すると、次の日に人参一本、きざんだ人参、輪切りの人参、緑のキャベツ、白のキャベツそしてカタツムリの図鑑など持ってきました。カタツムリへ「ご飯、もってきたよ」と言いながら少しずつ入れていました。

実物が身近にいること、飼育していること、身ぶり表現したことにより、カタツムリに関心が深まっていることを示しています。また、この身ぶり表現では、カタツムリの模倣から雨の中の枝を歩くことや小鳥が食べに来ること、その時どうすればいいかなど想像しています。怖いと思った子どもたちもおとなといることで安心しながらも、小鳥から身を守ることができるとわかると、おとなから離れて自分で表現できるようになっています。

このようにかたつむりの身ぶり表現をすることで、表現の工夫、役割の表現ができる、4歳児と言えど、おとなに依存しつつ怖さを乗り越える子どもたちをていねいに受け止め、想像世界に返していくことで誰もが身ぶり表現が楽しくなる、イメージの共有ができるようになります。

カタツムリの食べ物への関心がわき、かたつむりの製作をして、自分たちの保

育室を、かたつむりのいる雨の壁面にしたり、作った立体のかたつむりを動かしてあそんだり、絵本『かたつむりのりむ』(すずのまこと文・鈴木悦郎絵　ぎんのすず幼教出版　1985)であそんだり、歌を歌ったりと総合的に保育をすすめています。おはなしの身ぶり表現で共有する世界は、雨季の世界や、弱いけれど頑張ろうとする主人公や、危機を乗り越え友だちができていく内容で、4歳児の世界を自信のあるものに変えていきます。

(6)　5歳児期の身ぶり表現

環境の中で子どもたちは探索し多くを発見します。これまでに培われた環境に興味をもって自分たちでたくさんのことに気づいていきます。複雑な気づきからも身ぶり表現で想像世界をさらに拡げます。

幼稚園5歳児の実践です。
5歳児になったばかりの子どもたちと近くの神社に行った時のことです。子どもたちの目を引く遊具や草花がある神社ではないが、子どもの発見を期待していきました。
神社の入り口の大銀杏を見上げる。緑濃い葉をつけているのをみんなで見る。中庭には小枝がたくさん落ちている。さっそく子どもたちは拾いはじめる。これは毎日家から見つけた自然を持ってきてはみんなと見せ合うという先行経験で、興味をもって拾いはじめた。
　C「こんなきれいな葉っぱ、あったわ」
　　「赤と黄色や」
　　「つるつるしている」
　　「緑と赤のもある」
と拾っているうちに、上を見上げた。先ほどの銀杏を見上げた時の経験から気づいたのであろう。
　C「わぁーあんなところから落ちてきてる」「赤い葉っぱある」「おっきい木や」

T「ほんと、あの木にも赤い葉っぱついているね」
　下を見た子が
　C「先生、赤い葉っぱだけ落ちてる」
　C「茶色のもある」
T「ほんとね、赤や茶色の葉っぱばっかり、落ちてるね」
　C「秋みたいね」
　C「まだ、秋がちょっとだけ残ってるんと違う？」
T「ほんとね。今は春だけど、この木だけ秋が残ってるのかな」
　C「うーん」
　遠くから走ってきたH児が「あっちにもいっぱいあるよ」
　みんなで移動して、小枝をまた拾いはじめる。大きいビニール袋を出して入れていく。
　C「これでなにつくろうかな」
　S「先生、これ何という木か知ってる？」
T「なんていう木か幼稚園に帰って調べてみようね」
　S「僕、知ってる。楠（くすのき）ていうねん」
T「よく知ってるね」
　S「おばあちゃんにおしえてもらった」
T「そう、よく覚えていたね。楠っていう木だって（他の子に向けて）」
　C「ふーん、おっきいね」

T「大きいね、太いね。みんなで持ってみようか」
　手をつないで周囲を囲み、他の先生に数えてもらう。
TO「1、2・・・5人もいるわ。大きいね」
　M「先生、こっちにこんなのあったよ」見ると玉砂利に混じるように塀際に小さな楠の花が集まって落ちているのに気づく。
T「まあ、きれいね。こんな小さなお花によく気がついたね。これ何かしら」
　M「これと違う？」
　と、みんなで集めたビニール袋の中にある小枝についている花を持ち出す。
T「ああ、ほんと。これとおんなじね。大発見ね。S君言ってた楠のお花やね」
　みんなで拾いはじめた。これをどうするかを子どもたちに聞き、持って帰って母の日のプレゼントの飾りに使うことになった。
　次の日に見てきた楠になって身ぶり表現をする。緑の葉っぱ、赤い葉っぱになって散ったり、散らずに太い木の幹の枝にしっかり残ったりする身ぶり表現を子どもたちがした。落ちた花がどうして隅っこにあったのか話し合って、風がふいたから、雨が降って流れてあそこに集まったと言い合い、風になったり雨になったりして、赤い葉っぱや茶色の葉っぱも風や雨で吹かれながら流されながら集まっていたことを身ぶり表現することで想像した。

　5歳児は4歳児期に環境の変化を見て身ぶり表現を通して話し合ってきたので、神社で何気なく落ちている小枝をきれいだと思えるのだと思います。一枝一枝を大事に拾っていたことが、花がついていたことを見逃さなかったのです。落ちている木の葉の色つやや分厚さや太さなど、桜の木や葉っぱなどとは違う楠の特徴に気づいていました。4歳児の秋に木の葉をいろいろ見て身ぶり表現してきたので、春にも散る葉っぱがあることを発見し「小さい秋」とことばで想像し表現をしました。
　木や葉に向けた興味はもっと何かあるのではないかと予期し、次に隅の小さな花をも見つけることとなりました。この神社で発見し、想像する気持ちは保育室に帰っての身ぶり表現へもつながっています。言語獲得はほぼ完成期と言われる

5歳児でなお、身ぶり表現をすることによって、自在に表現している発見した時の身ぶり表現から、どうして散ったのか、なぜ隅に集まっていたのか、どのように集まったのかを身ぶり表現しながら想像して考え出すことができたのです。獲得した言語を使い、さらに「なんで」「どうして」と思考を深めるのが5歳児期の身ぶり表現です。
　想像力は現実に源をもち、想像と現実は相互に関連すると言われます。図3（55頁）で示しましたが、環境をよく見ると次々と先にはもっと何かあるのではと想像し進み、具体的に発見したものから見えない自然の変化に目を向けていくのが5歳児の創造世界です。保育を創造的にデザインしていく身ぶり表現が求められます。
　また、5歳児はおはなしに結びつけ想像を発展させたり、想像を拡大させたりします。2章の身ぶり表現と文学のところを読んでください。

🌱創造的な保育を創り出しましょう
　保育にあって、創造とは想像して生まれる新しい世界やものを創り出すことを言います。一年間の創造活動の代表として劇づくりをします。運動会・作品展などと共に生活発表会を子どもとともに創造的に発展させていきます。日ごろの環境から得たものを想像し、絵本や音楽、絵画など総合させ結晶させることにより、本質的に新しい創造が生まれます。創造は人間そのものの感情、概念、思想の世界を変える力となります。創造的活動の一つと考えている劇づくりは4章に実践をあげます。

5．創造世界を創り出す保育の連続性

（1）　保育の連続性　プロジェクト活動

　幼稚園教育要領・保育所保育指針に連続性を取り入れたのは、2000年の改訂時です。その中の指導計画作成上の一般的な留意事項に幼児の「生活の連続性」

「意識や興味の連続性」「家庭や地域の連続性」を重視するように改訂されています。「意識や興味の連続性」とは保育を総合的に進めていく上で、環境から探索や認識をし、想像・創造性への連続性として、保育を構造的にとらえることです。

現実と想像との関係のように興味の連続により、環境をからだでとらえて知覚し、認識をしていくには連続的取り組みが必要です。例えば、どんぐり拾いをする→どんぐりであそぶ→どんぐりの身ぶり表現や話し合いをする→『どんぐりとんぼろりん』（武鹿悦子作　柿本幸造絵　ひさかたチャイルド社　2013）『たのしいふゆごもり』（片山令子作　片山健絵　福音館書店　1891）の絵本を見る→これらのおはなしの身ぶり表現や話し合いをするなどの一連の保育展開を示します。どんぐりの製作や絵を描いたり歌ったりするなどを含めて、このどんぐりのあそびを通して、秋の自然や生き物の暮らしや助けあって生きていることや、冬ごもりに向けての季節の変化を見ながら自分たちの生活の変化もとらえていきます。

環境から得たものや出来事の変化をテーマにした、この保育の継続的展開を「プロジェクト活動」といいます。

イタリアのレッジョ・エミリア市での実践でも、常に子どもたちの声を聞き、子どもたちの主体的な表現の発展をうながすことに力点をおいた連続的アプローチをしています。その一例が、プロジェクト1990「群衆」です。

「夕方になると、あっちへ行く人やこっちへ来る人や、人間でいっぱいだったよ。人間と足と腕と頭ばっかりで、他に何も見えなかったよ」

この5歳児のガブリエル君のはなしに、保育者は興味深いテーマであることを直感し、子どもたちは少人数で話し合い、靴音、匂い、人々の差異、人数の多さ、人々の服装の違い、迷子になるのではとの不安などを考えていきます。それを絵に描いたり、からだで表現したりしながらイメージを共有し、やがて、クラス全員のテーマとなり、粘土でこの「群衆」を作っていきます。1ヶ月も2ヶ月もこのプロジェクト活動は続きます。この保育を進めていく過程でも、子どもたちがからだを動かして身ぶり表現をしながら、群衆を模倣・再現して、イメージの共有をはかり、全員で創造的な粘土での群衆を創り上げている点に注目しています。

このプロジェクト活動は、前例で示した「どんぐり」の保育の連続性と同じく、

子どもが環境からとらえた現実を、想像から創造へ展開して、認識を深めています。現実から想像に結びつけていくためには、環境から子どもがからだでとらえたものをからだで語りあう身ぶり表現によると、よりわかりやすく共有しやすいことを示しています。(『豊かな保育をめざす教育課程・保育課程』山﨑由紀子他　㈱みらい　2008・2011　第6章)

　レッジョ・エミリア市のプロジェクト活動は保護者や市民が協力をしています。1章の2にあげた「トンボ池」の実践は1年をかけた大きなプロジェクト活動であり、保護者と共に創り出した点も共通します。
　保育の連続性とはプロジェクト活動を中心に、①0歳児～5歳児までの興味の連続性と　②4月から3月までの1年間の興味の連続性と　③生活や地域との連続性を総合的にらせん状にとらえて進める子どもの保育の計画を言います。子どもたちは環境をとらえ、知恵をだし、自分たちの決めた目標をみんなで実現していくので、子どもたちの喜びは大きくなっていきます。
　このプロジェクト活動の展開を支えているのは、おとなの直観と洞察力です。
　1945年のイタリアではファシストやドイツ軍に対するレジスタンス運動を進めていた人たちが、戦後残された武器や戦車をブロックにして、幼児学校を創りました。「ブロック・バイ・ブロック」のことばは有名です。戦車などをブロックに圧縮して幼児学校を建てただけではなく、1区画に1つの幼児学校を建てよう、一人の小さな力も集まれば大きな力を生み出すという目的を持った市民の手によって建てられた幼児学校の実践が、新しい保育内容を創り出しています。
　身ぶり表現を媒介に保育の連続性を大事に進めてきた大阪の実践との共通点は大きく、さらに発展する保育内容であると考えます。
　保育は次の世代を作る営みであり、歴史を作る壮大な営みでもあります。この楽しさを保育の連続性の中に見い出し進めていくことも保育者としての課題であり、醍醐味でもあります。

(2) イメージの世界を長続きさせるためには

　保育の連続性により、年齢的にも年間を通しても、環境から想像すること、イメージを繰り返しながら、長続きさせることで想像力は豊かになります。イメージが長続きするような保育を進めるためには、・子どもの見たもの、知っていることからはじめます。誰もが知っていることからはじまるとみんな安心して「知ってる」「知ってる」とイメージの世界の入り口を通過することができます。はじめは多くの子どもたちが興味を持っていることに、継続して取り組むと、次にはなす人のはなしを興味を持って聞けるようになりますが、この経過を通ると１、２人の話もじっくり聞く力もついてきます。

　おとなが、子どもたちの多くが発見し関心をもったことを身ぶり表現することからはじめるので、みんなの興味はそれません。・散歩や園外保育で、自然やものや人から感動的なドラマを発見してくることが大事です。また、・１、２人の発見もじっと聞きながらみんなの興味に広げていき、誰もが見てわかる身ぶり表現から、意味内容を伝える身ぶり表現に変化させるため、興味は持続・発展します。
・知っていること、感動したことの身ぶり表現は直接経験よりズレを生じます。
　市川は子どもの現実から想像へ移行する筋道について以下のように書いています。

>　「想像とは現実からのわずかなズレ、つまり現実と模倣との間の、ほとんど意識されない（あそび）が喜びを引き起こす。」
>　　　　　（『身体論集成』市川浩、中村雄二郎編　岩波現代文庫　2001）

　このズレているところを身ぶり表現と話し合いで想像しているので、興味は持続するのです。
・年齢に応じた半具体物（積木、布・紙など）を使いながら進めると、その半具体物をよりどころに想像を拡げていくことができます。ものは想像を広げる支え

となります。ものに依存しつつ想像する力はやがてはおはなしに支えられ、ひいては自分の力で想像し創造する力になります。

（３）　身ぶり表現をしながらことばを豊かに

　乳児期から伝えたい要求が先にあってことばは使われはじめます。まず自分の思っていることがからだを通して自由に表現できて、伝える相手が共感的に意味を理解して対応するという環境の中で生後１年頃の意味を持つことばを話すことができるようになります。
　子どもが環境に協動する目や表情や発語を受け止められるおとなや子どもたちがいることで、他者のことばも興味をもって聞くようになります。
　一人の発見をみんなで身ぶり表現で反復しながら、自分との共通性から差異を想像し発展させていくとで、表現内容が広がり、ことばでの表現も豊かになります。ことばに含まれている意味を、からだを通して理解していきます。はじめは行動を表すことばを使う（二語文）ため、よく動き、よく身ぶり表現することにより、ことばの中身や、言いたい内容を、伝えられるようになります。
　この行程を継続的、連続的に進めるとやがて、直接事実が目前になくてもことばのイメージをつくり、イメージを操作できるようになります。文学を媒介にことばの内容も深く理解し、生活現実で使えるようになります。
　こうして身ぶり表現とことばでイメージを蓄えたものが背景となって言いたいことをことばで表現伝達できるのようになります。

（４）　身ぶり表現をすることによって得られる力

① 　からだを動かすので誰でもできて楽しい。（まちがいなどない）
② 　自分の見たものや考えたことを伝達する力を身につける。
③ 　外界をとらえ知覚・認識する力がつく。
④ 　見たものの表現から、予期的想像的表現をしあうことで自分のことが客観視

できる。
⑤ イメージがファイルされる。
⑥ おとな、友だちと共感したり認め合ったり疑問を出しあったりする。(イメージの共有)
⑦ 役割にふさわしい表現力を身につける。他者をくぐって自分に気づく。
⑧ 一定のテーマを継続展開するため想像しやすく、見通しをもつようになる。
⑨ 計画的な行動がとれるようになる。
⑩ 物事を深く見ることができるようになる。
⑪ 共通のものを探索し表現することでコミュニケーション能力ができる。
⑫ あらゆる環境(自然環境、文化環境、人的物的環境、社会環境など)を探索し発見する力をつける。実態をよく見る、比較する、特徴を見たり試したり、知ることができる。
⑬ どうしてだろうとふしぎな思いをもち、探していくプロセスに感動がある。
⑭ よく見る、感じる、考えていることがことばで言えたり多様な方法で表現できる。
⑮ おはなし劇づくりを通して、優しさ、勇気、生きかたを志向する力をつける。

　以上の項目が具体的な保育の中で目標やふりかえりとなり、さらに身ぶり表現することにより得られる力を加えることができる保育を進めてほしいと願っています。

(5) 身ぶり表現の助言のあり方

・全員でからだを動かして表現する気持ちよさを共感する。
　(気持ちのよい、表現にあった即興のピアノ曲をつけると身ぶり表現しやすい。リズムやメロディーがはっきりしない方が表現しやすい)
・一人一人の表現したことをまず共感して受け止める。
・一人一人の表現の違いを見て、自分から訴えようとしている表現を認める。
　(子どもは、自己の表現を見てもらい、工夫を認めてもらうことで、自分のし

ている表現を客体化できる）
- 一人の表現をみんなで見て、その身ぶり表現の特徴を認め合う。
　（だんごむしやとんぼなどの特徴を身ぶり表現している様子。特徴といっても少しの手の振り方であるとか、からだの動かし方の違いがそのものをあらわしているので、どの子どもの表現も認める）
- 工夫した身ぶり表現からさらにどうするかは子どもたちと想像世界をつくっていく。（１章４－３　自分との共通性と差異性とで工夫していく）
- 子どもがしたい表現ができるようなことばかけをする。（おとなが誘導をしては子どもの主体性は損なわれる）
- 内容・想像が広がるようなことばかけをする。
- 見ている子どもは自分との違いをからだの表現から見ることができて、模倣しやすい。また、考える目標や資料を友だちの表現から得ているので共感したり、自分で次の表現の工夫をしたり、違いの意味を考えたりできるようになる。
- 子どもからの身ぶり表現を認めていく時、イメージを共有している身ぶり表現の場から、イメージを拡大している身ぶり表現の場へ、さらに意味を深める身ぶり表現の場へと意識して保育を進める。

（６）　身ぶり表現のプロセスで考えるポイント

　環境から探索したものが身ぶり表現にあらわれます。
① 　おとなと子どもとで想像的に方向づけますが、子ども自身の営みになっているか。
② 　子どもが環境にかかわり、豊かに体験し、多様な生きた知性の獲得をしているか。
③ 　子どもが身ぶり表現しながら、ものや人々や周辺地域に興味をもち、かかわり参加していくプロセスとなっているか。
④ 　人と共同で何かを作り出すというコミュニケーションを広げるものとなっているか。

⑤ 知識を獲得していくことではなく「なにものかになる」(社会の一員)というアイデンティティーを形成する過程となっているか。
⑥ 共同体の質的変容、知的好奇心が再生産のサイクルの中でとらえているか。

などを、子ども中心に、子どもの発見から展開していくことで身ぶり表現しながら、考え合うことのできる保育課程を想像的にデザインしていきましょう。

6．身ぶり表現の意義と役割

(1) 身ぶり表現の保育のはじまり

「身ぶり表現」とは、からだによる表現活動をあらわすもので、広岡キミヱ(1912－2012)が自身の保育実践の中から創り出した保育方法です。

> それは無からの出発でした。裸一貫の保育です。1946年（昭和24年）9月、草一本はえぬ焦土で、教具、遊具はほとんどゼロという中では、保育者が環境のすべてでした。子どもたちは、どこにもぶつかるところがありません。保育者が身を挺してぶつかり合うよりないのです。
> （『ごっこ遊びから劇あそびへ―年度後半の保育の探究―』
> 広岡キミヱ・神谷栄司編　ぎんのすず株式会社　1994）

広岡は、戦後の焼け跡の子どもたちを見て、園舎もない、ピアノもない、絵本もない、あるのは保育者のからだと子どもに向かう気迫だけであったと書いています。そして集まってくる子どもたちの大切なからだが、そして残された焼け跡に芽吹く自然がある。これを大切にしようと取り組んだ保育から身ぶり表現が生まれたのです。戦後の大阪市内の幼稚園の復活の中からの誕生でした。(『真実の表現をめざして』広岡キミヱ　渡辺保博　ぎんのすず　1992）レッジョ・エミリア市の市民が幼児学校を創り出した同時代です。

この経過は『ほのおの保育物語―広岡キミヱの足跡と生涯』(笹倉明　作品社

2002）や『虹をかけた保育者たち―子どもに魅せられて―』（山﨑由紀子共著　かもがわ出版　2010）に詳細があります。

　戦前の保育は、明治9年幼稚園創設以来一貫して行われていた「遊嬉」「遊戯」が中心でした。この型にはまったあそびではなく、子どものからだが自己を語ることに広岡は気づきました。広岡の偉大なる先見性でした。子どもの姿から保育をしようと子どもの主体性に気づいた戦後初の保育者ではないかと思います。
　身ぶり表現の創造主であり命名者である広岡は、身ぶり表現のことを「身ぶり表現とは、からだの動きによって自己を語ることである。身ぶりはことば以前にあり、最も素朴な表現法である」（『幼児の内面を育てる―聞く・見る・話す・表現する現場からの保育論』広岡キミエ　ひとなる書房　1997）また、神谷も「身ぶり表現は、定型的リズム運動ではなく、からだによって自分の考えや感情を伝える表現である」（『ごっこ遊び・劇遊び・子どもの創造―保育における経験と表現の世界―』神谷栄司　法政出版　1993）と、ことばの補足としての身ぶり表現とならんで、保育の深まりの中でことば以上に考えや感情が展開される身ぶり表現となることを示唆し、それは設定保育（子どもとおとなですすめる保育）の中でのみ可能となると述べています。
　筆者も身ぶり表現とはことばより先にあって、環境にかかわり、環境の提示するものに協調し、身ぶり表現することで受け止め、想像していくことだと考えています。広岡の「身ぶり表現」は、幼稚園の4歳児5歳児の保育で生み出されたものですが、乳児期の模倣や再現から想像への過渡期は身ぶり表現とことばで考え、言語獲得のほぼ完成期である幼児期には、獲得したことばを使い、さらに思考を生み出し深め、集団思考の場となるのが身ぶり表現であると考えています。

（2）　動くからだとイメージ

　表現する人のからだは、どのようにして進化してきたのかを書いた人がフランスの先史学者・社会文化人類学者アンドレ・ルロワ・グーランです。『身ぶりと

言葉』（ちくま書房　2012）において、ひとを魚類が陸上生活をはじめて水からの全身の解放、両手足の移動は地面からの解放、直立歩行による移動からの手の解放、そして重い顔面から脳髄の解放をしたと、人類の一連の解放から述べています。身ぶりを技術または行動という意味で広くとらえ、手のはたらきは口の仕事（噛み切るなど）を減らし言語の発達を促したこと。ヒトを人間たらしめたのは、直立歩行であり、手の身ぶりにより、技術的身ぶりから道具を動かす原動力となったことを述べています。先史的な系統発生からの壮大なアプローチです。環境とかかわりながら人となって変化してきた系統発生は、身ぶりとともに個体発生途上の乳幼時期の保育の原点を解いています。

　また、日本には「わが身」「身につく」「身にしみる」「身を入れる」「身になって見る」「身につまされる」……と身にかかわったことばが多く使われてきました。「身」は「からだ」「心」「自己」「立場」など近似的に置き換えて広範囲な意味をあらわしてきたこと、その「身」は環境の中で相関的に変化していくことをとらえているのが市川です。

> 「生体と環境とが相関者であり……生体は環境の意味に応じてその行動や身体状況を変化させる、生体の行動や身体状況の変化に応じて環境はその意味をかえる」（『精神としての身体』市川浩　講談社　1992）

　からだと環境とが相互に絶えず変化していることは、ギブソン（1904—1979）のアフォーダンス理論でもあります。

> 環境のアフォーダンスとは、環境が動物に提供するもの、良いものであれ悪いものであれ、用意したり備えたりするものである。……動物がその進化のために利用してきたことである。
> 　　　　　　　　　　　　　　（『生態学的視覚論』サイエンス社　1985）

　また、佐々木は

> アフォーダンスとは、人間と環境との相互依存性に関係した概念であり、知覚することはからだ全体の動きと共に発見するものである。生態学的認知論では、情報は人間の内部にではなく、人間の周囲にあると考える。知覚は情報を直接手に入れる活動であり、脳の中で情報を間接的につくりだすことではない。私たちが認識のためにしていることは、自身を包囲している環境に情報を「探索する」ことなのである。
> (『アフォーダンス―新しい認知の理論』佐々木正人　岩波科学ライブラリー　1994)

と、環境は「持続と変化」という「情報」の存在するところであり、環境は潜在的な可能性の海であり、私たちはそこに価値を発見し続けるといっています。また、アフォードとは「～ができる。～を提起する」を意味するとしています。

からだが「世界に関わり、世界に働きかけ、世界を変化させるという外部思考的、外部作用的な側面があると同時に、世界とのかかわりの中で自己自身を調整するという自己作用的な側面がある」とされる。(『からだ：認識の原点』佐々木正人　東京大学出版会　1987) など、人間と自然とを一元的に総合的にとらえていく考え方が、実践者としてとらえてきた、身ぶり表現との共通点です。

詩を暗唱する時なども、指や身ぶり表現をつけると素早く覚えられます。記憶することも広くからだの場に依存しています。

(3) アフォーダンスと子どもたち　「姿」から変化を知る

ギブソンを日本に紹介した佐々木は、「子どもが対象の変化から見ているものは、『形(form)』ではなく、対象そのもの、そのリアルな『姿(shape)』である」としています。(『アフォーダンス―新しい認識の理論』(前出)) 子どもたちもどのように動くものがチョウチョであるか、形からではなく、変形し飛ぶ、変態し変化する特性を見て、動きとしてとらえて表現し理解していきます。

また、佐々木は「からだは持続して環境に関わることではじめてそこにある情報に触れることができる。ギブソンはこのように知覚システムと情報とが接続し

て接触することを『認識』と呼んだ。認識は環境と生き物との接点で起こっていることなのである」(『知性はどこに生まれるか―ダーウインとアフォーダンス』佐々木正人　講談社現代新書　1996)と述べています。

　アフォーダンスは刺激のように押しつけられるのではなく、知覚者が「獲得し」「発見する」ものであるされています。近年スポーツ・楽器演奏・知育を前面に保育する傾向もありますが、保育は押しつけるものではなく、子どもたちが発見するものでなけらばならないと考えます。ヴィゴツキーも「環境に向き合う子どもがまず、学習の主体であり、教師はあくまで助言者であり協力者である」(『子どもの想像力と創造』前出)としています。保育者が子どもに技法や知識を伝達するのではなく、あくまで子どもが主体者となって環境にかかわることからはじめることが重要な保育の出発点です。

　環境の中の情報は無限にありますが、働きかけ発見しなければ何も起こらないことを考えると、保育のかかわり方が問われます。

　また、ヴィゴツキーは、①人は社会と物質世界から切り離すことができない。②知識と活動を切り離すことができない。③発達とは、リアルで全体的で文脈的で自己運動的なシステム内で生ずる変化であると述べています。

　これはギブソンのいう、見ることが見るもののからだの動きとともに、動きと一体にもたらされる。見るということは対象(環境)の見えが導くようにからだが動くことであり、そのようにからだが動いているということが、すなわち見えているということであると佐々木は述べています。(『からだ：認識の原点』前出)

　この状況的認知論は、今まで読んできた身体論や身体知を基礎に、ヴィゴツキー理論を発展させるものではないかと考え、保育の実践分析を支えるものであると考えます。

注1)　2014年3月17日、インターネット託児により、横浜市の2歳児が埼玉県富士見市のマンションで死亡した。一番預かってほしい保護者への公的援助がないまま幼い命が奪われた。(朝日新聞2014年3月18・19日)
注2)　三項関係　子どもと他者と他のものを認識できるようになること。目で合図したり、手さし、指さしでわかる。

2章

身ぶり表現と文学
（文学を深める身ぶり表現）

2章　身ぶり表現と文学（文学を深める身ぶり表現）

1．絵本と子どもの出会い

　今、ゲームや携帯電話が子どものあそびに大きな位置を占めています。現在子育てをしている親たちが子どもだったころは、1980年代でした。そのころの子どもはテレビは当り前で、家の電話を独占したりして、家族のだんらんやコミュニケーションを妨げていました。さらに携帯電話の普及は家族よりも友だちのつながりを優先しました。この情報交換は、活字離れを引き起こし、新聞や本を読まない人を増やしました。こうした社会、文化的に変化した家庭で育った現代の若者の中に、小さい頃絵本を読んでもらった記憶がないという人が少なくありません。

　読んだ後に興味をもって憧れる主人公になり、からだで表現するあそびを身体能力の可能な範囲でつもりになって想像表現をよくしたものです。しかし、テレビなどバーチャルで可視化された世界の再現はからだの限界を容易に超え、驚くような事件が子どもや若者に繰り返されています。さらに、携帯電話の新機種はあらゆる文化を携帯化してしまい、現実や身体感覚は急速に遠ざけられています。

　街角の小さな本屋さんはなくなり、新しくできた大型店に子どもを連れていくのは困難になりました。結果的におとなとしか行けない本の大型店化は、おとなが子どもの目の前から絵本を遠ざけたと言えます。

絵本と子どもの出会いを考えなければならない重要な時期にきていると思います。

（1） 絵本の楽しさに流れ込む子ども

🌷表紙は絵本の扉

絵本はふしぎなものです。表紙を見るだけで楽しくなり、どんなおはなしが広がるのかと心が弾みます。表紙には、絵本の中の世界が顔をのぞかせています。はなしかけてくるような大きなうさこちゃんの顔、はじめてのおつかいができて笑顔いっぱいのみいちゃん、子やぎをだまそうとしている白いおおかみの手だけを見つめる子やぎたちの後姿など、主人公が読み手にいっぱいのメッセージを送ってきます。

ディック・ブルーナーぶん／え
いしいももこやく　福音館書店

絵本の表紙は絵本の顔、絵本の玄関と言えます。いよいよ扉を開くと、よく知っている物語が出てきます。自分とよく似た生活やあそびをしていたり、全く知らない世界が突然目の前にあらわれます。未知の世界へ一歩を歩み出す瞬間です。

大好きなおとなの声でおはなしがはじまると、その絵は動き出すように語りか

筒井頼子さく　林明子え
福音館書店

フェリクス・ホフマンえ　せたていじやく
福音館書店

けてきます。こうした絵本の楽しい世界をおとなと子どもとでどのように読みひろげていくのでしょうか。

鳥越は絵本と子どもとの出会いを、次のように書いています。

> 絵本がほんとうに存在するのは、子どもと本がいっしょになり、画家の頭と子どもとの中で形成されたものが、本を通して、子どもの頭と心に、流れこむ時だけである。
>
> (『絵本の歴史をつくった20人』鳥越信編　創元社　1993)

鳥越もまた、佐々木と同じように絵本という環境は子どもと一体となって、子どもの中に流れ込み、生きて動き出すような絵本からの想像世界をつくり出していくとしています。こういった絵本をからだでとらえていく保育を検討します。

（2）　絵本とは子どもの興味と共に変化するおはなし

絵本とは絵と文から成り立っており、目に見える形にした本です。絵本を見たり聞いたりしながら、描かれている絵や文字を読みとり、見える形の奥に表現されている情景や内容を受け止めていきます。

絵本を楽しむということは、絵本を読んでもらうことが楽しめることを意味します。おとなが動作、表情、場の雰囲気などを豊かに、絵本の好きなおとなと子どもの信頼関係をもとに、安心して絵本を楽しむ場をつくります。この絵本の楽しさが、やがて絵本の伝えたい気持ちに共感し、理解できるようになる土台となります。

❁赤ちゃん絵本とは

赤ちゃん絵本（1歳まで）と呼ばれる"ものの絵本"や0歳児であってもストーリーのある絵本があります。

保育園によっては、赤ちゃんがなめたりかじったりするので、絵本を棚の手の

届かないところへおいている。また、0歳児は、絵本は必要がないと数冊の絵本を繰り返し見るのみというところもあります。他方、多くの絵本が、子どもの取りやすいような本棚にあり、季節の本などは表紙が見える本棚に取りやすく置かれ、子どもと絵本の近さが感じられる保育園もあります。(『環境構成の理論と実践―保育の専門性に基づいて』高山静子　エイデル研究所　2014) 芸術性豊かな質の高い絵本を取りやすく、見やすい環境として置くことが、子どもにとっての絵本の世界への入り口です。

しかし、取りやすくて絵本を見ているからと言ってそのままにしておいては、興味は持続しません。絵のねこを見て、微笑んだり、声を出したり、手で示したりした時は、子どもがねこに興味をもった、いつか見たねこと一緒だと思いだしている時です。子どもがからだで表現している様子に共感し、表現している意味を受け止めることで子どもは絵本にさらに興味をもち、おとなへの信頼感を深めます。

絵本への子どもの興味をおとなが受け止め共感し、発展させていくことがなければ、その子どもの絵本への興味を閉ざすことになります。絵本という環境へのかかわり方を子どもとともに開いていくことがおとなに求められます。

🌷赤ちゃん絵本の受け止め方は

赤ちゃんはものとして見ている絵本から、生活の中で慣れ親しんだスプーンや椅子、好きなイチゴ、ネコや月など知っているものの形、色、匂い、音、感触、動きなどを絵本から感じられるように変化していきます。知っているもの、経験したものと絵本で見たものとをからだとことばで聞くことによって発見し、自分で結びつけていきます。子どもが絵本で見つけたものに対応して「イチゴね。おいしかったね」「ねこやね。散歩の時見たね」など、絵本で発見したことと子どもが経験したことを結びつけ、繰り返し、ことばと実物を結びつけます。いないいないばあをしたり、すいかをもぐもぐ食べたり、お月さまといっしょにハラハラしたり、だるまさんになってどてっと転がったりします。からだで協動し、おはなしやリズムを楽しみます。この積み重ねでことばだけでも、そのものを思い

浮かべられるようになります。繰り返し読みは、子どもの記憶や想像世界や経験を拡げ、ことばとも結びつけていきます。

滝本も、「絵本を読んだ後、即興でごっこあそびを楽しむことがたくさんある」と実践提案の中で述べています。

子どもの表情やからだ、経験をよく知っているおとなが、子どもと一緒になって子どもの見つけた想像世界をからだで味わい合い、ことばや実物につなげていきます。

日常生活経験から絵本 → 絵本の絵とことば → ことばとからだ → からだ・ことばから絵本 → 日常生活・環境を見る

乳児の絵本は、子どもの生活と絵本とを結びつけ、楽しい絵本の世界をからだで共感します。絵本と子どもの仲立ちを豊かにするのが絵本に出てくるものやひとになって、からだを通してあそぶことです。子どもとおとなの安心した楽しい信頼関係から、絵本の世界を創り出すという大きな役割をするのが乳児絵本です。

幼児の絵本とは

テレビ・ビデオ・アニメーションは、動きと音・光によって瞬間的に強い印象となり、視聴者は受け身で、考える間を失います。絵本は動かない絵で、問いかけるとおとなから答えも返ってくる、自分のペースで内容をとらえることができます。前頁を振り返ることも、結論を先にさがすことも、登場人物に自分を重ね合わせて追体験することもでき、描かれている絵からは背景や周辺の多く

のものを見つけ出すこともできるなど、絵本の中で起こることがらに関心をもつと、積極的に能動的に楽しんで受け止めることができます。

　子どもたちにとっては未知なあらゆる経験を、絵本の主人公はしています。また、不安なことや怖いことにも絵本の中では出会います。

・主人公の気持ちをドキドキしながら共感できる
　　『でんしゃにのって』（とよたかずひこ作　アリス館　1997）『はじめてのおつかい』（筒井頼子作　林明子絵　福音館書店　1977）『かいじゅうたちのいるところ』（モーリス・センダック作／絵　冨山房　1975）
・見知らない相手に近づき友だちになる
　　『とんとんとめてくださいな』（こいでたん作　こいでやすこ絵　福音館書店　1992）『とん　ことり』（筒井頼子作　林明子絵　福音館書店　1989）
・大冒険をする
　　『ふねなのね』（中川ひろたか文　100%ORANGE絵　ブロンズ新社　2004）『ぼくはあるいた　まっすぐまっすぐ』（マーガレット・ワイズ・ブラウン作　林明子絵　ペンギン社　1984）『かくれんぼうさぎ』（松野正子文　古川暢子絵　文研出版　2004）
・ユーモア・ナンセンス
　　『ロージーのおさんぽ』（パット・ハッチンス作／絵　偕成社　1975）
・自分らしさを大切に
　　『さっちゃんのまほうのて』（たばたせいいち作／絵　ポプラ社　1985）
・勇気や生き方を知る
　　『かたあしだちょうのエルフ』（おのきがく文／絵　ポプラ社　1970）『おおきなカエル　ディダルク』（加藤チャコ再話／絵　福音館書店　2000）『ヤクーバとライオンⅠ・Ⅱ』（ティエリー・デデュー作／絵　柳田邦男訳　講談社　2008）
・自然と共に生きたい
　　『雷の落ちない村』（三橋節子作　小学館　2008）『ウエン王子とトラ』（チェン・ジャンホン作／絵　平岡敦訳　徳間書店　2007）『へえ六　がんばる』（北彰彦作　箕田源二郎絵　岩崎書店　1972）

・平和を望む

　『おこりじぞう』(山口勇子作　四国五郎絵　金の星社　1979)『トビウオのぼうやはびょうきです』(いぬいとみ子作　濱田櫓冬絵　金の星社　1982)『エリカ奇跡のいのち』(ルース・バンダー・ジー作　柳田邦男訳　講談社　2004)

　子どもとおとなで絵本を読み、からだを通してイメージを共有したり、話し合いで自分とはちがう他の受けとめ方があることに気づいて、絵本による楽しい拡がりや深い共通の想像世界を生み出します。

　何に感動したか、何が伝わったのか、何を伝えたいかが人間形成に重要な役割を果たします。絵本は心配したり、怖かったり、悲しかったり、楽しかったり、安心したりなど見るものが感情体験をすることができます。この感動の追体験により自己を振り返り、自分の価値を見い出すことができます。今まで気づかなかった、環境のこと、友だちやおとなの気持ちもわかり、相手の価値を認め、他者をかけがえのない一人として見ることができるようになります。

　では、この楽しく、イメージの世界を拡げる絵本をさらに子どもの奥深くに届けるにはどうすればよいのでしょうか。

2．文学と身ぶり表現

　子どもたちは環境にあそび、環境を探索発見し、からだの動きでとらえ身ぶり表現して想像を創り出していきます。

　しかし、この子どもたちが想像することには時間的にも空間的にも技術的にも限界があります。絵本の主人公たちは時空を越えて自由に活躍をします。活躍するストーリーを通して子どもたちは主人公になったつもりでおはなしの中で生きていきます。この文学体験は、文学の提起する問題を考えることにつながります。この文学への第一歩が絵本です。

　1963年オランダのグラフィックデザイナー　ディック・ブルーナーの『ちいさなうさこちゃん』(ディック・ブルーナー作／絵　いしいももこ訳　福音館書店　1963)

が翻訳されてから、日本でも赤ちゃん絵本を作ろうという気運が高まりました。作者が自分の子どもに自家製でつくり、出版されたものがはじめです。松谷みよ子の『いないいないばぁ』（松谷みよ子作・瀬川康夫絵　童心社　1967）などです。子どもへのおはなしは、ヨーロッパでは紀元前6世紀ごろからイソップ物語があったそうです。鳥越信の絵本リストによると、18世紀初期ごろからシャルル・ペローの『長ぐつをはいたねこ』や、マザーグースのうた、グリムの童話、アンデルセン童話集や『絵のない絵本』などが書かれ、18世紀中ごろには絵と文とでなる絵本のかたちが完成しました。日本ではじめて低学年用として書かれたのが、1921年浜田廣介の『ひかりの星』『むくどりのゆめ』です。以後小川未明などが幼児向けや小学校低学年向けのおはなしを書いています。（『子どもが選んだ子どもの本』鳥越信編　創元社　2003）

　幼児教育の中で取り上げられはじめたのは、戦前から戦後の『コドモノクニ』（東京社　現ハースト婦人画報　1922―1944）や『キンダーブック』（フレーベル館　1927―現在）などからです。

（1）おはなしの書き手であった広岡の果たした役割

　「身ぶり表現」の創始者である広岡は、絵本作家でもありました。チョウチョウが園庭にきて、子どもたちが追いかけ、夢中であそび続けている様子を身ぶり表現をして楽しみます。その子どもの興味を小野美樹のペンネームで絵本にしました。『ばらとちょう』（小野美樹作　鈴木悦郎絵　ぎんのすず幼教出版）です。同じくハチがブンブンと藤棚のまわりに飛んできて、庭ではカメが日向ぼっこをしている。そんな5月の園庭で子どもたちの友だちが主人公になった『かめとはち』、続いて、6月にはカエルやザリガニが登場する『げげくんとぺぺくん』、飛び交いえさを探すツバメが主人公の『つばめのおやこ』など、子どもたちが見つける自然とのあそびを、模倣し身ぶり表現をはじめ、子どもたちと保育者が想像した世界をもう少し深め拡げられるおはなしとして広岡は書いています。子どものあそびをさらに拡大するために、子どもにとってもおとなにとっても自然とつながっ

ていて入りやすい想像の世界を絵本として提起しました。

　上沢謙二の童話集『新幼児ばなし三百六十五日』（恒星社厚生閣　1963）の中の木の葉が主人公の『赤い金のふとん』などを、広岡が子どもたちに読み聞かせていた経験から、自然の生き物で子どもたちが興味をもってあそんでいるけむしのあそびにヒントを得て著したのが『ぶらんこけむしのぼうけん』（ぎんのすず幼教出版　1956）です。これが広岡の〝小さな生きもの物語〟創作のはじまりです。（小野美樹作の絵本は、大阪千代田短期大学図書館「広岡キミェ文庫」に所蔵）

　小野美樹の名前で広岡が絵本を書き出す1960年前後には、保育者は上沢謙二や濱田廣介の童話をノートに書き写して、子どもたちに読み聞かせをしていました。上沢や濱田のおはなしには、主人公がかえるや鳥で、子どもたちが興味を示すため欠かせないおはなしとして保育に援用していました。

　1962年から幼稚園教諭になった筆者も、これらのおはなしを書き写して覚え、子どもたちに素噺をしていました。ところがそうした子どものあそびに近いおはなしは、両氏の作品の中でも極めて少ないため、広岡が描く子どもの身近なおはなしは、子どもにも保育者の多くに喜んで迎えられました。

　また、広岡は『ピーターパン』『ヘンゼルとグレーテル』『もりは生きている』など、保育者が劇にするために、絵本としました。保育者にとっては、児童文学である長い原作ではなく、子どもがどの部分を喜ぶかをよく知っている作者が再話したおはなしだけに、劇になりやすいので、重宝された絵本でもありました。保育者はこれらの絵本を劇づくりをするために読み聞かせ、今少し詳しく子どもに伝えたい場面は、原作の児童文学にかえって読み聞かせました。やがて、原作そのものをじっくり聞くようになるのです。子どもたちにとって、この広岡の絵本は、自然とあそびを身ぶり表現や劇に結びつけ、児童文学への橋渡しの役を担ったのです。

　広岡の「ぎんのすず」と前後して「こどものとも」の月刊絵本が1956年から出版をはじめました。子どもの生活やあそびに近い絵本が多く編集されたことと、

この月刊絵本の中から、よく読まれる絵本がハードブックとなって出版され、子どもたちや保育者の手に入りやすく保存しやすくなったことなどにより、次第に保育の中で取り上げられるようになりました。「こどものとも」の普及率は「ぎんのすず」にとって代わっていきました。「こどものとも」は専門の優れた作家と画家による創作絵本、昔話、外国のものがたりと、子どもの世界を、身近なおはなしの世界から多様なジャンルのおはなしの世界へおし拡げていく教材となりました。しかし、年間の編集は身近な絵本ばかりではないため、保育現場にいる保育者にとっては、保育を進めるうえで絵本の選択を迫られることになりました。これは、後の絵本の三層構造をつくり出すきっかけともなりました。

齋藤孝は「書かれたことばには、人格や身体性、その人の雰囲気が込められている」(『読書力』岩波新書　2002)といっています。広岡の絵本・文学はまさしく子どものからだの動きや感動から生まれました。広岡だけでなく、他の絵本作家についても、人格そのものがおはなしの雰囲気にあらわれます。身体性をもとにできた想像世界ですから、子どもとからだで受け止めて、絵本の世界を再現・想像し、新たな自分たちの世界を創造していくことができます。子どものからだを通しての学習となると考えます。テレビゲーム・携帯ゲームに没頭することにより、人とかかわる力や表現力が失われていくと共に、本を読まない人が増えた今の時代にこそ、子どもが絵本の楽しさを知り、絵本や本が好きになってほしいと思っています。

（2）　直接経験からおはなしへ

1歳児の歩きはじめたばかりの子どもたちが散歩に出かけると、花壇の前で止まり、花を見て、花にくるチョウチョウを指さします。自ら発見してからだで伝えます。このように"身近な自然"で動くものは目に入り、おとなや友だちとその気づきに共感できます。ところが、"少し離れた自然"の中で飛び交うツバメなどは、なかなか目に留まりません。3・4歳児になると飛ぶ様子が見えたり、

ツバメの巣を見に行くと、子ツバメの様子を飽くことなく見たり、5歳児になると、子ツバメと同じように「田んぼで虫取ってるのかな」「えさ、さがしているのかな」「どこまでいってるのかな」など想像しながら、親ツバメが帰ってくるのが待てるようになります。草原でツバメと一緒に飛び交う楽しさも味わうことができます。

　雨の季節は、外あそびはできませんが、子どもたちの身近な興味は雨になります。雨の好きなカエルやザリガニやアジサイが、子どもたちの環境になります。この生き物たちが、動きや鳴き声や生態のいろいろを伝えてくれます。そんな小動物たちの登場するおはなしを、興味をもって聞くようになります。雨は色・形・音や流れなどを伝え、雲や晴れた空や、七夕に見る星など、子どもの想像を遠い空の彼方まで広げてくれます。

　雨は身近に降ってくるけれども、遠い空から降ってくると考えはじめると、"遠く離れた自然"で、見えている雲や空や雷や虹のことを考えたり、イメージしたり、表現できるようになります。子どもとが自分との距離が離れたものへ興味をもつようになると、そうした背景や世界の中で展開するおはなしを求めるようになります。

（3）　直接経験から離れたおはなしの世界

　春、身近なおはなしを聞いて楽しんできた子どもたちは、おはなしの想像世界を拡げる力を身につけてきているので、短くてすこし難しいテーマをもっているおはなしや、長いおはなしも聞き、みんなで身ぶり表現と話し合いによって、物語の世界を共有することができるようになってきます。これらは、4・5歳児の劇に展開するおはなしとなります。

　1年を通して、絵本のある環境を整えると同時に、時間を見て、生活のはなし、もののはなし、創作話、民話、昔話、児童文学など多様なジャンルの絵本やおはなしを楽しむように保育することで、子どもたちの文化のすそ野を広げることになります。

(4) 保育の中での文学の三層構造

　絵本やおはなしは子どもたちの現実を映していたり、知っている生き物や人が活躍していたり、また、知らなかった楽しい世界へ誘ったり、想像の世界を拡げてくれます。子どもたちは、0歳から多くの絵本と出会いますが、その出会い方もいろいろあります。はじめから好きになる絵本や、はじめはわからなかったけれどだんだん好きになった絵本、大きくなるまで怖かった絵本や、ごっこあそびで繰り返しあそんだ絵本、一緒に泣いたかわいそうな絵本などに出会い、絵本を読んでもらうおとなと一緒に好きになっていきます。

　このような子どもが喜ぶ絵本を坂本は次の三層に分類しています。

　坂本のとらえた文学の三層構造の説明です。

Ⓐ……集団の中で話し合ったり、身ぶり表現をしたり、ごっこあそび、劇あそびをしながら保育の核となるもの。

Ⓑ……何度も読み返したり話し合ったりすることで、新しい発見をしたり読み取りを深めたりしていくもの。

Ⓒ……いろいろなジャンルの絵本にたくさん出会い、文学の世界を拡げて楽しんでいくもの―読み聞かせを中心に。

（坂本美頌子『改訂版 子どもと保育 3歳児』秋葉英則・白石恵理子・杉山隆一監修　大阪保育研究所編　かもがわ出版　2011）（図3）

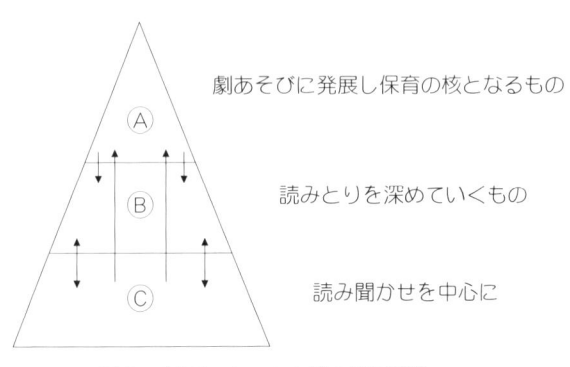

図3　保育の中での文学の三層構造

表1　自然と身ぶり表現と絵本の年間の関係

期　月	対象の自然	身ぶり表現	絵本（児童文学を含む）
Ⅰ期 4・5月	<u>身近な自然を見る</u> 花、チョウチョウ、ハチ、テントウムシ、ケムシ、ダンゴムシ	身近な自然の身ぶり表現期 見たものの模倣・再現 想像的身ぶり表現 共通性で身ぶり表現をする	身近なおはなし 身近な小虫や動物の活躍するおはなし
Ⅱ期 6月 7・8月	<u>少し離れた自然見る</u> カエル、ザリガニ、 ツバメ、雨 <u>遠く離れた自然を見る</u> 雲、空、雷、虹、星、海、島、山、川	少し離れた自然の身ぶり表現期 よく見て身ぶり表現する 対象の変化を発見する 差異性で身ぶり表現をする 想像を拡げる	小動物の活躍するおはなし <u>少し離れたおはなし</u> <u>遠く離れたおはなし</u> 子どもから遠く離れた所や空間を想像するおはなし
Ⅲ期 9・10・11・12月	<u>身近な自然を見る</u> トンボ・ドングリ・マツボックリ・木の葉 <u>変化する自然を見る</u>	運動会のリズム表現期 物語の身ぶり表現期 秋から冬へ変化する自然の身ぶり表現をする	経験から離れたおはなし、物語 広い運動場を動いて表現できるようなおはなし 身近なおはなし どんぐり、りすやくまなどの秋から冬へのおはなし 長編のおはなし
Ⅳ期 1・2・3月	おはなしの中の自然を探る 変化する自然を見る	生活発表会の劇表現期 春を迎える自然の身ぶり表現期	多様な内容のおはなし 知恵や勇気、生きる喜びなどが感じられるおはなし 身近なおはなし 春や進級、進学を待つ気持ちが表れているおはなし

Ⓒの絵本は年間を通して楽しむものですが、Ⅰ期（4・5月）のおはなしはその中でも特に環境に関わって、描かれている絵本をさします。Ⅱ期（6・7・8月）の絵本はⒸの絵本を経て、Ⓑの想像世界が拡がる、少し読みごたえのある絵本をさします。Ⅲ期（9・10・11・12月）はⒷの絵本からⒶのみんなで話し合って、劇などで深めてテーマを理解していくよう絵本や児童文学をさします。Ⅳ期（1・2・3月）は生活発表会の時期でもあり、Ⓐを中心に、春の進級、進学に向けて、ⒷⒸの絵本を繰り返し楽しむ時期とします。広岡の書いたおはなしはⒸやⒷが含まれ、年齢のよってⒶとなるおはなしです。

　おはなしと子どもたちの年齢との関係は、0歳児から5歳に向けての保育の連続性としてとらえられます。Ⓒ→Ⓑ→Ⓐを0歳児から5歳児までの子どもの発達に合わせておはなし内容理解の発達の道筋と考えることができます。

　環境と身ぶり表現と絵本の関連性を表にしたのが、前頁の「自然と身ぶり表現と絵本の年間の関係」（表1）です。

　この身ぶり表現には、話し合いも含まれ、年間を通して文学を楽しみ深く理解できるようにします。

3．文学の教材研究

（1）　絵本教材の選択

　教材とは、教育・保育をする時、保育目標を達成するために保育者が選んで用意する文化的素材のことです。子どもが手に触れて楽しめる砂、水、紙や木などで、触ったり試したりできる可塑性に富んだものや、子どもが見て観察してその動きや変化をとらえる小動物や植物などの自然物、大小のおもちゃや固定遊具、そして、手にとって見たり読んだりできる絵本、児童文学、図鑑などの本の類などのことをいいます。

　ここでは、絵本教材について考えることにします。

🌱 1冊の絵本は一つのおはなしでかいてあり、内容が動くもの

　幼児向けの月刊誌の中には、中心的なおはなしのほかにおもちゃの宣伝や母親向けの頁もあるというものもあります。これでは、絵本のつながりや絵やおはなしをじっくり楽しむことができません。

　今まで絵本を見たことがないというT君が5歳児になって絵本がはじめから終りまでつながってることに気づいた瞬間に立ち会い感動したことがあります。5歳児になって、幼稚園に入園してきたT君の4月は、みんなで絵本を読んでもらっていても立ち歩いて聞きませんでした。T君の両親は、金属の部品を作る家内工業所を営んでおられ、忙しくて絵本を読んだことがなかったそうです。そのT君が、絵本を発見した日がありました。それは、こいのぼりをみんなで上げて、こいのぼりの影踏みをしたり、床においたこいのぼりの口からお腹に入ってあそんだり、こいのぼりをつくったりした後、『こいのぼり』（英伸 三写真・長谷川摂子文 福音館書店　1985）の絵本を見た時のことでした。こいのぼりに興味をもつようになったT君は、この絵本を、みんなと一緒に食い入るように見ていました。そのあと、自分で手にとって1ページ1ページを続けざまに見て、「ここもこいのぼり、ここもこいのぼり」と、どのページにもこいのぼりが描いてあることを発見したのです。

　『かがくのとも』として出版されたこの絵本を見て、はじめから終りまでずっと知っている同じものが出てきてつながっているとわかったのです。自分が興味をもちはじめたこいのぼりを絵本の中に発見したのです。自分とこいのぼりとかかわって見ることで絵本の喜びを実感できたのです。

　松居直はこの「こどものとも」の編集方針に次のように書いています。

> 　役に立つために本はつくらない、では科学の本はどうしてかと聞かれると知識と情報を伝えるためのものではなく、子どもがびっくりすればいいんだ、子どもが驚いたり感心したり、へぇーッと発見したりすればいいんだ。　（『絵本の力』河合隼雄・松居直・柳田邦男　岩波書店　2001）

ダーウィンがビーグル号に乗って、1813年から5年間の海洋旅行でサンゴ礁のなぞなどの多くを発見した時の喜びのように、子どもが、科学絵本の中で驚きに出会うというのです。本当に子どもたちは絵本の中で発見し、新たな世界を見つけだしていくのです。まさに、ギブソンが言うように、絵本がアフォード（提起する）しているのです。子どもが驚き発見する絵本に行きあたるように準備し、絵本とその周辺の場を創るのがおとなの仕事です。

　T君は松居の言う通りに、へえーッと驚き、絵本の楽しさに気持ちを動かしはじめたのです。絵本はおもしろいものだと思いはじめています。

　また、松居は絵本体験についても書いています。

> 　絵本の中に印刷されている挿絵は静止画ですが、子どもの中に見えている絵は生き生きと動いている。耳から聞くことばが絵をどんどん動かし広げていきます。そういうふうにして子どもは絵本体験をする。自分で物語の世界を創る体験をする。そういう体験が実は絵本の本質に触れることです。
> 　　　　　　　　　　　　　　　　　　　　　　　（『絵本の力』前出）

　T君の見た絵本のこいのぼりも空を飛んでいるように見えたのでしょう。内容から子どもが驚きをもって受け止め、絵も子どもが見てどんどん動かし広げるように描かれた絵本に出会えるように絵本環境を整えたいものです。

長年読み継がれているものを選ぶ

　次に絵本は、鳥越が言うように、出版して25年を経過してもなお子どもたちに親しまれている本がよい本と言えると思います。（『子どもが選んだ子どもの本』前出）

『ちいさいおうち』（バージニア・リー・バートン作／絵　石井桃子訳　岩波書店　1965）『てぶくろ』（ウクライナ民話　エウゲーニー・M・ラチョフ作／絵　内田莉莎子訳　福音館書店　1965）『おおかみと七ひきのこやぎ』（前出）『ぐりとぐら』（中川季枝子作　大村百合子絵　福音館書店　1963）『スイミー』（レオ・レオニ作／絵　谷川俊太郎訳

好学社 1969)『三びきのやぎのがらがらどん』(ノルウェー昔話 マーシャ・ブラウン絵 瀬田貞二訳 福音館書店 1965)『さんまいのおふだ』(水沢謙一再話 梶山俊夫画 福音館書店 1985)など、いつも本屋さんにあります。子どもたちに読み継がれている絵本です。

同じ内容の絵本は比較してみること

同じ題名の絵本でも作者や訳者によっても画家によっても違いがあるので比べてみることが大事です。『おおかみと七ひきのこやぎ』(フェリクス・ホフマン絵 せたていじ訳 福音館書店 1967)のものと、『おおかみと七ひきのこやぎ』(ささきたずこ文 いもとようこ絵 講談社 1996)と比較すると大きな違いがあります。学生が分析したもの(112〜119頁)と比べてみて下さい。

『あーんあん』が楽しい5歳児と短大生

年令を問わず読む価値がある本を探すことも大事です。普通に考えれば、発達年齢にあっている絵本を選択します。しかし、乳児向けの絵本だからと言って、乳児だけが喜ぶとは限りません。

『あーんあん』(せなけいこ作/絵 福音館書店 1972)は、乳児向け絵本とされている正方形の小さい形の絵本です。子どもたちは、自分や友だちが泣くことをよく知っています。泣いた経験がそのままおはなしになっていることで親しみやすいのです。泣く子どもが次々に増えていき、なみだがたまってどんどん増えて、突然海になって泣いていた子どもたちがみんな魚になってしまうという、思いもかけない水の世界への転換で、意外性がありおもしろいのです。そして、行きて帰りし物語の典型のように、大好きなお母さんのもとへ帰ることができるというストーリーです。

絵に添えられていることばも、リズムがよく、起承転結のはっきりしている内容であるため、すぐに覚えられます。4・5歳児は詩を暗唱するように楽しんで友だちと言いあったり、保護者の前で披露したりします。劇にするとあっという間に子ども同士で考えあい発表します。よーく知っている子どもたちの日常の保

育園と、おもしろい転換があるからです。

　短大生もこの絵本で劇づくりをしました。12月に各クラスの劇発表会を行うため、それの事前演習として、この赤ちゃん絵本で、劇づくりの楽しさを経験します。はじめに朝登園する家族を何組作るか、子どもの性格とお母さんの性格をどうするか、先生は何人にするか、早くきている保育園での子どもたちのあそびは何にするか、泣いて離れない子ども役は誰がするか、お母さんとの離れ際をどうつくるか、友だちの子どもはどうはなしかけるか、涙がたまっていくところをどう表現するか、子どもが魚に変わるところはどうすれば変わったことがあっと驚くかわり方になるか……などどんどん話し合いながらつくっていきます。

　魚になった子どもたちは泳ぎながらどんな気持ちになったのか、お母さんが助けにきた時には魚たちはどのような対応をしたのか、すぐつかまったのか、それとも楽しんで泳いで逃げだしたのか。そして、泣いていた子どもは明日からどのように変化するのかなどを考えながら劇づくりをし、発表をします。それぞれのグループの表現内容が異なります。おはなしの理解を深め、身ぶり表現がつくり出す想像の広がりを感じることができる演習授業となりました。

　子どもも学生も、聞いたり覚えたり、からだで試してみて、劇を創って、おはなしのおもしろさに気づいています。このように簡単に見える赤ちゃん絵本の中にも、劇にしておもしろく学ぶことができる絵本もあります。

　最近では、同じく赤ちゃん絵本『ふねなのね』（前出）で劇展開をおとなで試みましたが、楽しい劇になりました。

絵本は子どもの願いがかなうもの

　季節が同じであることや、先行経験として記憶に残っているものや、知っているものや場所が出てくる絵本なども選択の基準となります。また、自分の願いがかなうものが子どもたちは好きです。小さいので大きくなりたい、寒いので早く暖かい春が来るといい、大きな山に登ってみたい、空を飛んでみたい、海の中を探検してみたい、怖いので強くなりたい、など子どもたちの夢は尽きません。そんな夢をかなえられるような絵本を子どもたちは喜びます。

🌱問題提起をする絵本を

友だちが欲しいけれど、なかなかできないかなえに「とん　ことり」と手紙がきたり（『とん　ことり』筒井頼子作　林明子絵　福音館書店　1989）、一人で悩む魔女に小さなねずみが願いごとを持ってきたり（『魔女と森の友だち』湯本香樹実作　さきめやゆき絵　理論社　2007）、自分勝手に振る舞った大きなカエルのティダルクが、小さななまずの真剣な様子に心が動くという内容で困難を解決したのは、今子どもの文学の中には少なくなっている笑いであったり（『おおきなかえる　ティダルク』前出）、みんなが土地を耕して暮らせるようにしていくおはなし（『龍の子太郎』松谷みよ子作　田代三善絵　講談社　1979）や、貧しい少年が自分のやぎをおいしい草まで連れて行き幸せになるというおはなし（『コケーナとであったチャンゴ』やなぎやけいこ再話　野口忠行絵　福音館書店　2005）であったりします。

2011年度の劇づくりで、ある幼稚園では、核実験による被ばくをテーマにした『トビウオのぼうやはびょうきです』（前出）を劇にしました。

同年、新金岡センター保育園の三浦が『へえ六がんばる』（前出）をとりあげました。東日本大震災から子どもたちと考えた岩木山の噴火を取り上げた民話を劇にしたのです。4月から自然に向き合ってきたこととおはなしの中の自然の脅威にどう向き合っていくのかを考えていました。5歳児になると、大きな自然の提起する問題を絵本の中の噴火する山の象徴である火の玉太郎に重ねて、自然と人が共存しようとする絵本の結末を理解することができ、劇にしました。水尾保育園の諸岡も同じ『へい六がんばる』の実践をしましたが、劇後に悪いことをした火の玉たろうを許したくなかったとする子どもがいたことを知りました。

絵本は、子どもにもおとなにも困難を乗りこえるためにはどうするかという問題を、劇をしたあとも、尚、提起し続けていくものであることがわかります。

幼児の文学・絵本であって、幼児に見合った問題を提起する内容の絵本や児童文学はそんなに数多くはありません。子どもも社会の一員です。社会環境に関わって生きています。子どもと社会は関係ないと見るのか、子どもの興味から入った想像世界が、直接にはわからないけれど、文学を通して見るとわかる社会の変化

があるとするのかで教材の選び方や読み方が変わってきます。こういった社会のことも含めて考えることができるような内容のものを選択することが、質の高い文学の内容理解や劇づくりとなっていきます。

　今後の課題を予測させるような教材との出会いは、人間としての生き方を考える上でも貴重な出会いとなります。

（2）　教材分析をする

　文学には詩や児童文学、小説、戯曲、口承文学といろいろなジャンルがあります。子どもたちは『ことばあそびうた』（谷川俊太郎作　瀬川康男絵　福音館書店　1973）や『かぞえうたのほん』（岸田衿子作　スズキコージ絵　福音館書店　1990）、『マザー・グースのうた』（マザー・グース詩　谷川俊太郎訳　堀内誠一絵　草思社　1975）、『ほしとたんぽぽ』（金子みすゞ詩　上野紀子絵　JULA出版　1985）などの詩を覚えて、暗誦します。かぞえ歌やナンセンスなことばあそびを子どもたちは好んで覚えます。この楽しさはおはなしや劇づくりの楽しさと共通しています。生活発表会のプログラムの幕間に、暗誦をグループで発表します。日ごろから口ずさんでいるので、簡単で表現力もつき自信へとつながります。

　金子の詩「たいりょう」など、すぐ覚えて歌いだします。海辺に住んでいない子どもたちには、内容理解はすぐにはできません。けれども、リズムよく歌う中で見えない世界のことや、相手のことがわかることの大事さも、詩を覚えてから気づいていきました。

　おとなも短い歌や句、詩の分析から、見つけ出すものがあります。

❀経験により、また経験を越える想像力を発揮する

　こぬ人を松帆の浦のゆうなぎにやくやもしほの身もこがれつつ　　　　藤原定家

　この歌は、「小倉百人一首」の中のもので、松帆の浦は淡路島の西側の海岸。歌人島木赤彦が「人を待つと、松帆の浦と言いかけたところが言葉の上の洒落。

更に藻草を焼くと、身も焦がれるということも言い通わせたもの、詞の遊戯以上に何らの心情も現れておらぬ」と評しているらしいのです。

　小宮山が、『汽水の蟹』（小宮山輝　潮汐社　2010）で、島木の感性がこの歌を受け取っていないと述べています。島木は信州の生まれで、潮気を含んだ夏の瀬戸内海の空気の重さを知らない。あの夕凪の重苦しい暑さと、人を恋い、人を待つ思いのやるせなさが通うものである。また松帆の浦は西に向いて、夕日が直に射すところであり、その上に夏の夕陽が海に照りかえす暑さを知らず、松帆の浦の地名のもたらすイメージを持ち合わせなかったので偏狭になったと解説しています。

　小宮山と同じく筆者も岡山県出身であり、瀬戸内の夕凪の暑さはよく知っています。直接体験して知っているとその情景を理解することができます。松帆の浦も、夕凪も、今は見られないであろう藻を焼いている様子も、時代を越えて、待つ身にとってのその気持ちが見えてくるようです。ましてや、恋しい人を忍んで待つ身となるとさらなる気持ちもあふれ出るようです。歌とはそうした視たものから自分を映し出すものらしいのです。

　しかし、小宮山も、直接体験のみによるとは限らないと思うと添えています。体験したものでなければこの歌のよさは理解できないのでしょうか。人は、体験していないことの方が多い中で、この歌をどうすれば理解できるのか。自分の知らない世界を描いた歌であれば、あるだけの想像力を発揮してその様子を思い浮かべ、作者と作者が描いている以上の世界を受け止めなければなりません。

　歌の世界や作者の思いを解することができるのは、読み手の経験の多さと豊かさに加えて、歌による認識の深さを如何に自分のものとしてきたかによります。龍短歌会の代表としての小宮山の経験と、多くの歌を詠んできた真摯な姿勢が、作者の意図を想像的に、あるいは作者の意図を超えての理解を拡げたのでしょう。おとなの物事や文学に対する日ごろの姿勢が問われます。

五月雨や大河を前に家二軒　　　蕪村

　これは与謝蕪村の句です。俳画でもあまりにも著名な蕪村の句は、字句からは

雨、大河、家が二軒とあらわしてあるのみです。絵に描いたような句ですが、単なる雄大な自然のあり方としてとらえただけではなく、作者は、これらの家の中に生活する人々のあり方や生活感情を思い浮かべているのです。鑑賞する側は、作者のこの心のあり方を追体験していくことが大事です。五月雨がやまず、河の水かさは増し、今にもあふれそうに勢いを増している。この河の岸に小さな貧しい家が寄り添うように立って、今にも流されそうである。家の中の人は、さぞ不安な気持ちで震えているのではないだろうか。作者の対象の発見と「五月雨」「大河」などの単語の選択と「五月雨や」の"や"で五月雨の激しさを強調していることなどから、ぬきさしならぬ厳しい問題として読む側が自覚することで、作者の意図を読み取ったと言えます。三浦は「まず客観的なものを知って、主観的なものへと深まっていくという読み方をしなければならない。」と書いています。文字で客観的に表現されているものから、主観的なものへと深めていくことが教材研究の重要な部分です。(『認識と言語の理論』三浦つとむ　勁草書房　2002)

❀文字にかくされている身ぶりを読み取る

男は篩のように穴だらけになった、女は
川面に浮かばねばならなかった、雌豚は、
自らのために、誰のためにでもなく、誰ものために―
ラントヴェーア運河の水は音もなく流れているだろう。
何も滞ってはいない　　　　　　　　　　　　　ツェラーン

『ツェラーン　言葉の身ぶりと記憶』(鍛治哲郎著　鳥影社　1997)

ツェラーンはルーマニア（それ以前はオーストリア）現在ウクライナに属するブロビナ地方で生まれたユダヤ系ドイツ人で、20世紀を代表する詩人です。反ナチス抵抗運動の参加者の惨殺と、第一次大戦直後の混乱期に行われた男女二人の思想家（ローザ・ルクセンブルグとカール・リープクネヒト）の虐殺という、歴史上の悲惨な事件が源流にある詩です。

> 「言葉は音と形と意味を持つ。意味はさまざまな含意の可能性に対して開かれている。特にこの詩人の場合、語の含意はつねに歴史的、伝記的な領域に根をおろし、言葉の身ぶりを形づくるうえでの不可欠な要素を構成している。ある特定の意味をおびるからこそ、言葉はうごめき身を伸ばし独自の軌跡を描いて動く。そのような過去と記憶を背負った言葉がしめす身ぶりのなかには、かつての事件で波立ち騒いだ川面は、音もなく流れている。何ひとつ動きを止めることなく、何事もなかったかのように進んでゆく。」と鍛治は読み取っています。

　この詩はラントヴェーヤ川を目の前にして、この川の風景を過去の傷跡をとどめないまま過ぎてゆくと見てはいません。河のように滑らかに進行する時の流れの中に、それに抵抗する過去を見出し、現代に示そうとしています。つまり、ことばは目の前にある情景を描くだけではなく、目に見えないものの想像だけではなく、歴史をさかのぼり、なお訴えている悲惨な過去の記憶を背負った身ぶりなのです。ツェラーンも、ことばは身ぶりと共に生成されたが、ことばはまた身ぶりを生み出すと言っています。
　絵本の教材分析もまた、絵とことばで作者の身ぶりから創造した世界を、子どもたちだからこそ、身ぶりを通して再現しながら想像してきたという過程を、保育文化として大事に広げていきたいと思います。その上で、あってはならないことを忘れないことも身ぶりでとどまるものだと思います。

（3）『おおかみと七ひきのこやぎ』の分析

『おおかみと七ひきのこやぎ』（前出）は50年にわたって、多くの子どもとおとなに、読み継がれ、実践され分析や解釈されてきた誰もが知っている絵本です。

🌷 2歳児と4歳児の比較

この絵本を2歳児（保育園）・4歳児（幼稚園）・短大生たちが聞き、読み取ったものの分析を試みました。

【絵からの分析】

ホフマンの描いた『おおかみと七ひきのこやぎ』の世界は、実に細やかに描かれています。おとなと子どもたちは、何を発見し、どこに興味を持ち、どう絵本からその情景や、気持ちを読み取っていくのでしょうか。子どもたちの年齢、集団、保育士によって様々です。例えば、表紙を開いたところにタイトルがあります。描かれた絵は、お母さんやぎとこやぎたちで、表情は穏やかに見えて、一見幸せな家族がうかがえ、手足の毛が黒い一番小さいこやぎは、お母さんやぎに手を引かれています。そんな、母やぎとこやぎたちの上には、舌をだらりと出し、こやぎたちを狙っているかのようなおおかみ。そして、はさみに針と糸など。本の扉だけで、このおはなしの登場人物と、小道具の全てがわかり、おはなしへの興味がわき上がります。

家の中の戸棚には、お父さんであろう、ひげのある、やぎの写真が立てられていて、今回の実践の4歳児の子どもたちも、この写真に気づきました。お父さんやぎは、おおかみに食べられて、死んだのではないかとイメージしたようでした。また、裏表紙には、ひげのない、やぎの写真が壁に、掛けられている絵があります。これは、お母さんやぎの写真ではないかな。留守番を引き受けた子どもたちだったけれど、寂しがらないように、お母さんやぎが、自分の代わりに写真を飾っておいたのではと、話し合いました。子どもたちは、絵本の内容を身ぶり表現し

て、ごっこあそびや劇にして、作者の意図や思いが見えてくるようになりました。

【2歳児の『おおかみと七ひきのこやぎ』ごっこあそび】

　2歳児の実践は、おうちごっこから発展し、おうちがやぎの家になって、おおかみとのやり取りを楽しみだした経過から、『おおかみと七ひきのこやぎ』のごっこあそびへと、展開しました。おおかみが怖い2歳児ですから、みんなでこやぎになりました。お母さんやぎ、お姉さんやぎとおおかみはおとながなりました。「とんとん　おかあさんだよ。あけておくれ」「きたないこえだ。おおかみだ！」とのやりとりを楽しみますが、おおかみが家の中に入ると、食べられてしまうことがわかっているので、子どもたちはおおかみを絶対に中へ入れません。なかなか、戸を開けようとしません。そこをどう、次へとあそびを進めるか悩んでいたところ、お母さんやぎ役のおとなが、結婚指輪をしていることを見つけました。そして、おおかみ役のおとなは、指輪をはめていなかったことから、おおかみ役のおとなが白い手を見せた時、手は白いけれど、「おまえは、おおかみだ！　お母さんは指輪をしてるよ」と子どもが言いました。おおかみ役のおとなは紙で作った指輪をして行きましたが、子どもたちは見やぶりました。

　子どもたちから出た、そうしたイメージが、次へのあそびの展開のきっかけとなりました。食べ物を持って帰ったお母さんが指輪をはめていたので子どもたちは戸を開けました。指輪から安心を得ようとしている子どもたちは実生活での経験からのイメージと重ねておはなしの中で生きようとしています。怖いものへの恐怖心でおおかみを入れたくない気持ちから考え出した子どもたちのあそびにより、この展開を創り出しました。（よどっ子保育園　野間祥子・福本和海　実践）

【4歳児の『おおかみと七ひきのこやぎ』の実践】

　一方、4歳児は、おおかみのお腹を縫う場面では、その絵と絵本の文章から、「あまり　てばやいものですから、おおかみは　なんにも気づかず、みうごきひとつ　しませんでした。」の行間をよくとらえています。このお母さんやぎが縫う場面は劇のエピローグでも登場します。おおかみをやっつけて、平和な晩を迎

えた母やぎとこやぎたちの場面となり、安心して眠るこやぎたちの側で、母やぎ役の子どもたちが、この場面では、ゆったりと縫い物をしています。おおかみのお腹を縫う時とは対称的で、4歳児の子どもたちは、おはなしを通してとらえたお母さんやぎ像を想像的に演じることができるようになります。

　身ぶりやごっこあそびを楽しむ中でもう一つ、おもしろい論議になったところがあります。2歳児の実践で、おおかみが井戸に落ちた後、みんなで井戸にふたをして、くぎを打ちつけている場面です。くぎを、懸命に打つ子どもたちの身ぶり表現、そして、ふたをされてたおおかみが、「もうダメだ〜」と言うと、こやぎになった子どもたちが跳び上がって心から大喜びしました。井戸にふたをしたことだけにとどまらず、くぎを打ってもう出てこないと確認して、これでおしまいで安心と達成感を感じているのです。おおかみは怖い。でも、その怖い世界を、楽しんでいけるように、おはなしの筋を変えテーマを大事にしながら、イメージをふくらませて、主体的に怖さを乗り越えていく2歳児の特徴的な姿でした。

　そして、4歳児は最後の場面で、窓のカーテンが開いていることを見て、
「お母さんとみんなで、おおかみをやっつけたから、もう安心して窓を開けられるんだ」
「お母さんもお月さまを見ている」
と後ろ姿から読み取っています。劇あそびの中では、お母さん役の子どもが、窓を開けて、
「あー風が入って気持ちいい」
と言ったことに、他の子どもたちも共感し、身ぶりや、台詞となって、劇の最後の大事な場面となっていきました。

　この場面からも、おおかみがいなくなり、やぎたちにとって、夜風を感じられるほど平穏な暮らしに変わったことがわかります。そして、自分たちの平和な生活を守った、七ひきのこやぎたちとお母さんやぎのその強さ、勇敢さを絵本から読み取り、あそびを通して感じとっていたことを、劇にして演じています。これこそ子どもとおとなとの想像的創造的な深い読み取りの経験となりました。

（中〆由利子実践）

◀付 記▶　この実践は、2010年全国保育問題研究会の分科会、「認識と表現・文学」で、提案されました。日本語のわからない、多国籍の子どもたちや、障害のある子どもたちが複数いるクラス集団でした。文学を通して、身ぶりあそびを楽しみ、そして、劇あそびへと向かっていく経過の中で、子どもたちが、他国籍の子どもたちとも、はじめはことばが通じないけど、いつかはわかり合えると、大好きなお話でのあそびを楽しむ中で、感じとっていったようです。発達の弱い子どもたちは、ことばの理解が幼いので、まわりとの関わりで、わかり合えるのに時間がかかります。けれども、まわりの子どもたちは、ことばが通じなくても、必ずわかり合えることを、これまでの経験から理解していました。障害を持つ子どもたちを、温かく待ってあげ、押しつけることもなく、うまく支援している姿が、劇あそび（DVD発表）の中で見られました。

　文学と身ぶり表現、そして劇づくりが、大阪の保育実践の大切な柱であり、どの子も大事にされて育ち合う保育であることが、全国からの参加者にも共感を得ました。

❀『おおかみと七ひきのこやぎ』　学生の教材分析

　大阪千代田短期大学の2回生は、2011年12月の劇づくりに取り組みながら、一方で子どもたちと同じ教材『おおかみと七ひきのこやぎ』（前出）を3限（270時間）をかけて分析しました。スクリーンで絵本を見て、各ページを簡単にデッサンしながら、分析をしていきました。尻尾が場面によって違うことなども見て取りました。以下は学生が詳しく見て気づいたことをデッサンしたものです。森和沙のデッサンと記録を掲載します。

絵本	学生が見た場面	学生の感想
表紙	お母さんが帰って来たと喜んで戸を開けようとしているこやぎたち	この話の中で実は一番危険な出来事が起こる寸前で、象徴的な場面であるので狼の手とやぎと扉が、表紙に描かれている。
見返し	草花がいっぱいある。やぎたちにとっては幸福な場面	この丁寧に描かれた草花、この柔らかそうな草や花を、安全に自由に食べられてこそ本当のしあわせ。平和。しあわせな食べ物に始めと終りが包まれて、お母さんとこやぎの話が展開しているので、この絵はよくある絵本の単なる装飾ではない。
扉	お話の内容の登場 それぞれが個性的に描かれている	登場人物とその性格が描かれている。狼は食べたそうに、やぎたち親子はそれぞれの雰囲気で満足そうであり、しっかりと出来事の中で活用した鋏、針、糸が存在感を持って描かれている。
1p	プロローグ やぎ達の遊び　見守るお母さん お母さんの気持ち　森の中からねらう狼 遊ぶこやぎたち	お話の舞台となる全景が描かれている。家はドアが見え、窓のカーテンは閉められている。生きるため必要な水は隣の井戸からとるようになっている。遠くには暗い森が見えており、よく見ると狼がこちらを見ているようでもある。 お母さんは高い位置に立ち、子どもたちの遊びを見ながら、同時に周辺に注意をしながら、何かあったらすぐに子どもたちを連れて家に駆け込めるように警戒心をもって立っている。保育者と同じ立ち位置ともいえる。 その母やぎに見守られ、子どもたちは生き生きと遊んでいる。黒、白、斑と毛も動きも違い、性格も違うのだろう。遊びは草跳び、かけっこ、鬼ごっこなど人間の子どもたちがするような遊びを楽しんでいる。不安の中の束の間の楽しみを味わっている。

2章 身ぶり表現と文学

2p 起	お母さんが出かける前に狼の見破り方を伝えて、注意して行く (「姿を変えてくるかも」とは言わなかったところが甘い！) 	お母さんはエプロンをかけ、立っていて、擬人化されて描かれている。 　お母さんが草取りをして、働かなければこやぎを守れない。置いていくのは心配だが、他に方法はないので、よく狼の特徴を伝えて、自分たちで対処できるように言って出かける。こやぎたちは心配そうな目をしている。一番小さいやぎは一番近くでお母さんに話しかけている。
3p	お母さんが出かける、送り出すこやぎ七ひきの心配そうなまなざし	このお話の象徴的なドアから、こやぎたちは言われた鍵を持ち、お母さんを見送る不安な表情。こやぎにとっては、家の外は危険で中は安全である。この安全な世界を守っているのがこのドアである。
4p 承	遠景にお母さん 狼　登場 お母さんのふりをするがダメ 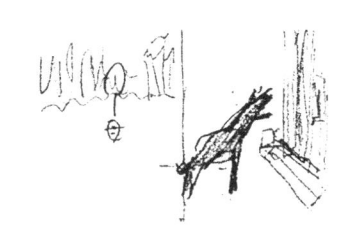	お母さんがまだ見えているのに狼は、お母さんが遠くへ行ったことを確認して、さっとこやぎたちだけのいる家に来ている。姿は目も青く精悍そうに見えるが狼の策略が見える。お母さんに言われたとおり、こやぎたちは狼の声を見破った。警戒心が深まった。が、こやぎはお母さんとの違いを狼に言ってしまったことから次の危険にさらされる。

5 p	雑貨屋ではくぼくを買い、食べて、声をきれいにする とってかえす 手を見破られる 雑貨屋にあるもので雑貨屋の仕事がわかる 	雑貨屋を威嚇する。狼がすぐに駆け付けることができたのは日ごろから町の人を騙していたからだ。 　狼がこやぎたちの家の前で、上を向いてお母さんの声をまねてきれいな声を出している狼。左ページと対象的で、狼のずるさがからだ全体から見える。 　雑貨屋には色々な品物が置かれている。高い棚にはシナモンや砂糖がおかれていて、そして、狼に渡したチョークのあった場所が開いており、雑貨屋がここから取って狼に出したのだと、ひとつ前に起こったことも描かれている。
6 p	パン屋で練り粉、粉屋で白くしなければ食べると脅して、白くさせる 	狼はいつも脅しているので、町の人はわかっているが、誰も自分の命が惜しいので、怖くて逆らえないでいるという日常が描かれている。 　二階の高い窓から見て、戸を閉めようとする、髪をきれいにして貰いながらも狼のいく方向を目で追っている婦人など、狼が来たことで町全体が緊張している事がわかる。
7 p	この悪者は手だけが見えるように身体を隠して、もう舌を出して食べようとしている	悪知恵の働く腹をすかせた狼の、今度は食べようとする気持ちが描かれている。
8 p	こやぎたちが、窓に出されたお母さんの手を見上げて、確認し、うれしそうに開けようとしている	みんな立ってやっと帰ってきた本当のお母さんを迎えるためにドアを開けようとする、緊張のほぐれたうれしい気持ちがあらわれている。うれしい気持ちが読み取れる。

9p 転	ところが入ってきたのは狼 隠れようとするこやぎ 時計の時間 お父さんの写真	突入した狼が怖い顔に変わっている。爪もむき出しにしている。こやぎの急ぎ隠れている様子がわかる。それぞれが個別に、ジャンプ力のある大きいやぎは棚の上に、一番小さいやぎは時計へ飛び込んだ。次に小さいやぎは自分が狼の見えない位置に身を寄せたのであろう。難なくすぐに狼の移動でわかるのに。 　お父さんの写真は守ってくれない。 　お父さんも狼に食べて居ない。写真は子どもたちに気持ちの支えとなっていたが、守ることはできない。 　この1ページで、狼の突入でこやぎたちが慌てて隠れる場面はあるが、食べられる場面が描かれていない。次ページのお母さんが帰ってくる場面との間にある出来事である。それはそれは悲惨な状況が起こった。が描かれていない。 劇に創る場合はここを突入した場面と食べられていく場面を表現しなければならない。この場面づくりで子どもが扮した狼が勢いよく跳び込んだら、こやぎになった子どもたちは目の前ですぐにつかまってしまう。普段の鬼ごっこ、かくれんぼとなる。狼の怖さもこやぎの気持ちもとんでしまう。自分自身の鬼ごっこではなく演じて怖さをどう表現するのかを考える。

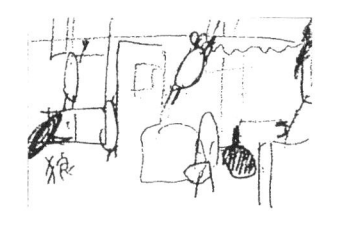

		劇ではこやぎが素早く、それぞれの隠れる場所を見つけて隠れる場面を作らなければならない。劇としてはそれぞれのやぎが戸棚やカーテンにぐるぐる巻きになって、テーブルの下へと隠れ方の違いを普段の保育では表現したので、劇の場面としてもそれをあらわしたい。時計を見ると次ページのお母さんが帰った場面まで30分もかかっているのだから、狼なりにすぐに食べたり、後は苦戦しながらも匂いを嗅ぎながら、隠れ場所を嗅ぎつけて、机はひっくりがえし、カーテンは引き裂き、棚の上にも飛び上がりながらも一匹一匹と食べていく様子は劇で表現することができる。しかし、食べたこやぎをどうするか、狼のお腹に入ったこやぎたちの見えない想像場面をどのように劇で表すかは保育者それぞれの工夫がいる。甲〆実践は狼のお腹を半円形で作り、こげ茶色の布で覆い、中央からこやぎが出てこられるように切っていた。食べられたこやぎはそのまま作った狼のお腹に移動し固く小さくなって、お母さんの助けを待っていた。
10p	お母さん、たくさん草を持って帰ったのに家の中は荒らされ、こやぎはいない時計の中に隠れていたこやぎに聞いて、他のやぎたちは狼に食べられたことがわかる	絵本には食べられた画面はないが戸、棚、カーテン、テーブル、いす、割れたミルク壺やカップ。ひっくり返った机に残酷さが見える。食べられた後に帰ってきたお母さんの悲しみの表情と苦悩が身体から滲みでて声まで聞こえてきそう。実際自分の子どもが食べられていなくなったことを考えるとその打ちのめされる気持ちはわかる。子どもたちもお母さんやこやぎになってみて想像がつく。 隠れていた七匹目のこやぎに聞いて他のやぎが狼に食べられたことがわかり悲しみにくれるお母さんの気持ちを理解する。

11p	どうすることもできず、こやぎを抱いて、泣く泣く外に出て狼を見つける 狼の満腹になっただらしのない顔	家の前で寝てしまっている狼は、だらしない寝方をしている。見つけてあちこちからながめたお母さんが発見した物は、動いているお腹の中のこやぎ。即座に思いだしたのは鋏で切って縫うこと。いつもしている裁縫には自信があった。（今つけているエプロンも自分でつくったもの）七匹目のこやぎもさっといつもの場所に置いてある鋏と糸と針を持ってきた。整理整頓が行き届き、子どもたちにもある場所がわかっていることで、この二人の役割分担は成立している。
12p	真剣な目つきでお腹を切るお母さん 走って持ってきて、糸が身体に巻きついている しかし、しっかりと手伝っている一番小さいやぎ	お腹の中の気を失っているこやぎや、出ようとしているこやぎを見て、ますます早く助けようと思っている真剣なお母さん。助かったことを喜んでいるお母さんの気持ちは文の「なんてうれしいことでしょう」にあらわれている。 　一番下のこやぎは、きりりと針をくわえ、夢中で走ったので糸が足に巻きついていても頑張って、確かなお母さんの手さばきを見ている。きょうだいを助けようとしている姿から、小さいこやぎの成長をここで見ることができる。 　この時、お母さんはお腹をこのままにしていては気づいて暴れ回るだろうと、次の石運びのことを頭で計画をしていたことが考えられる。

13p	助かったこやぎたちは、言われたことをすぐに聞き、川から石を運ぶ七通りの子やぎと外れないように千鳥ぐけをするお母さん	こやぎたちは、助かって喜んだが、お母さんに言われた通りにすぐに重い石を運ぶ。静かに運ぶ。素早く運ぶ。七匹のこやぎたちの活躍場面である。 ここにもそれぞれのこやぎの石の運び方の違いがあり、自立したやぎの姿がある。
14p	びっくりして目をパチクリしているお腹の重い狼と心配そうに隠れて窓から見つめる親子	食べたものが違ったような気持ちがする妙な顔の狼の表情と自分たちに向かって来ないことを祈るような、小腰をかがめて窓の縁に身を隠して狼の様子をうかがっているやぎの親子の緊張感が伝わってくる。
15p 結	水を飲もうとして井戸に飛び込んだ狼大喜びをするこやぎとお母さん	怖い思い、緊張から、はじける喜びが左右のページで思いっきり表現されている。見事に井戸の水しぶきがあがり、やっと家から飛び出してきたお母さんやぎとこやぎたち。緊張から解放され、困難を乗り越えたやぎたちがどれほどうれしかったことか。どのやぎの表情にも喜びがあふれ出ている。 やぎ人生にとってまさに晴れの日で祭り日である。賑やかな踊りや歌は日が暮れるまで続いたことだろう。こやぎたちはまた、お母さんと力を合わせて頑張ろうと思った。

16 p	エピローグ カーテンは開き、お月さまの光を浴びながらこやぎたちを寝かしつけているお母さんやぎ	やがて荒らされた家の片づけもして、夕食も済み、ベットで休む幸せなこやぎたち。今までは狼に見られないように開けたこともないカーテンを開けると、モーツアルトの子もり歌のように♪月は窓から銀の光をそそぐこの夜、眠れよい子よ眠れよよ♪と月の光を眺め子どもを寝かしつける平安な母と子の夜が訪れたのである。 本当の幸せ、当たり前の幸せをお母さんと子どもたちで勝ち取ったことからくるこれまでと全く違った平和な暮らしができるようになった。やぎだけではなく町の人たちにも平和が訪れたことであり、誰もの幸せをお母さんの知恵とこやぎの協力で、勝ち取ったと言える。お母さんと力を合わせながら、こやぎたちは各自、自立に向かっていったことが見えている。
裏表紙	母の写真 ※各場面のところの絵は学生（森　和沙）が描いたものそのままです。	父のいない家で母の子育てと子どもの戦いを象徴している。狼が入って来た時の棚に飾ってあった写真は黒くてひげがある。この写真があった為に、こやぎたちの毛の色の違いも分かった。が、最後の写真にはひげはない。横顔がお母さんによく似ている。これはお母さんが大好きな子どもたちの気持なのか、描いたホフマンの気持なのか、両方なのではないか。

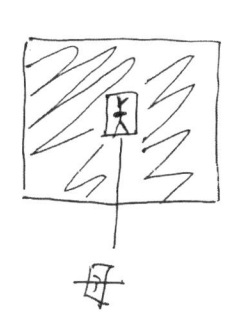

🌱教材分析をした学生の感想

　学生たちは、各々の分析により感じたことや考えたことを次のように書いています。

＊──『おおかみと七ひきのこやぎ』は、おおかみの腹を切って縫うシーン、井戸に落ちるシーンは本当に恐ろしくて、残酷で、私はずっと長い間苦手でした。でも、この絵本をよく思いだしていました。今回教材分析をして、就職する園で是非読みたい、劇にしてみたい！！　と思いました。今やおとなとしても劇をしてみたいとさえ思いました。

　絵本の見せ方として、表紙に一番緊張を持つ場面がでてきて、扉に登場人物、1ページ目に舞台の全景……と、見る者が自然に世界に入りやすいように工夫されているとわかり、感動しました。こやぎがそれぞれ毛並みが違っており、表情も何ともリアルで、からだの動きからもしっかりと感情やその状況が伝わってきました。時計の針や、写真（父の遺影）の存在は知らず、驚きました。これからも、絵本から深くメッセージを読み取り、過去、現在、さらに未来まで想いをめぐらす見方を参考にしたいです。
　　　　　　　　　　　　　　　　　　　　　　　　　　　　（森　和沙）

＊──　この絵本は昔からなじみのある作品で、幼少期に大好きな絵本でした。保育者になるので、今までただ見て、聞いて楽しんでいた絵本を研究するということで、一つ一つの物語の展開が次につながってゆく、1ページずつ意味のある場面であるなど、とても勉強になりました。母として、成長していけるストーリーで、おおかみがいなくなり、敵がいなくなったことで安心し、平和になり、これからの生活に幸せな見通しが持てる、とても心あたたまる絵本であることを、教材研究をして改めて感じました。
　　　　　　　　　　　　　　　　　　　　　　　　　　　　（桑田千沙）

＊──　絵本には作者の様々な思いが込められていることがわかりました。悪い知恵を働かせたおおかみを、強く子どもを愛する母の知恵で、退治することができ、母と子どもたちの愛や絆が強いということも伝わってきました。

　お父さんが死んでしまって、お母さんはどのように子どもたちを守っていくべ

きか不安だったと思うけれど、自分の役割をしっかり果たしている強い母の様子が描かれていると思います。最初は泣いていた母も、子どもを守るために強くなっていったと思います。そして、母親として成長しているのです。

　このような教材研究というのは、絵本を見ている子どもたちへ、この本の思いを伝えるために大切だと強く思いました。これから幼稚園の先生になるので、子どもたちに思いを伝えるためにしっかり教材研究をすることが必要だと感じました。
　　　　　　　　　　　　　　　　　　　　　　　　　　　　　（山崎胡桃）

＊──　一つ一つの絵を隅々まで見て、そこから気持ちや感情を読み取っていくことでこんなにも絵本の中身が深まっていくのだと思った。絵の中のこやぎの7通りの動き、母の悲しみの表情、縫い方や細やかなところまで考えていくことで『おおかみと七ひきのこやぎ』がまた違ったものに見えてきました。本当の幸せ、当たり前の幸せは私たちにとっては何だろう？　このことをAクラスは、劇『おこりじぞう』（自分たちが今取り組んでいる劇）がなぜ怒ったのかと合わせて伝えていかなければならないと感じました。
　　　　　　　　　　　　　　　　　　　　　　　　　　　　　（田淵萌子）

＊──　細かいところまで目を向けて、先を予測しながら読み進めなければならないということがわかった。お母さんの言う注意がおおかみから子どもを助けるには足りなかったことなど、お母さんの知恵や、それを上回るおおかみのずるがしこいところなどがよくわかった。

　おおかみ、やぎなどの動物だけの世界ではなく、人間さえもおおかみに脅かされていたところも怖ろしく、引き込まれるところだと思いました。おおかみを警戒しながら過ごす日常と、おおかみが死んでからの本当の幸せや平和との違いがよくわかった。
　　　　　　　　　　　　　　　　　　　　　　　　　　　　　（西川翔太）

＊──　教材研究で、このおはなしに嘘をいうという内容が含まれていることを感じた。おおかみはこやぎをたべるために「おかあさんだよ」と嘘を言いました。また、おおかみに食べられるのがいやで自分の気持ちに嘘をついた町の人もあり、

皆心の弱さが表現されていると思う。こやぎたちは嘘ということを知らないのでだまされる。おおかみはそのことを知っていて、だましていく。おおかみ自身にも心の弱さがあると思った。人の気持ちと心の弱さを乗り越える勇気が大事で、全体は、母と子の成長を中心にしていることがよくわかる絵本である。

（氏林明希）

＊── はじめて読む絵本はどきどき感やわくわく感を感じながら楽しむことができます。そして分析をしてみると、普通に読んだだけならわかることのない新たな発見、絵を詳しく見て感じとる作者の思い、本一冊で子どもの心に残る、またはおとなの私たちに残る絵本という教材は本当に大切だと思いました。この絵本では、お母さんと子どもたちとの関係が自然に伝わりました。お母さんは子どものことを大切にしており、なんとしても守りたいという心、こやぎもお母さんのことを信頼していて、お母さんが大好きだと思う気持ち、この親子関係が伝わって、教材分析の大切さがわかりました。

（山中恵理）

＊── 絵本を子どもたちに読み聞かせをする時は、1ページにそんなに時間をかけない。しかし、今回、教材研究をして、絵にかくされている細かいストーリーがたくさん見つかった。それを保育者は子どもたちに伝え、おはなしにしっかりつなげられるようにしなければならないと学んだ。そして、表紙、扉、裏表紙には作者が伝えたいことが、たくさん描かれていた。いろいろな角度から何回も絵本を読み返すことによって、今まで気づかなかったことなど新たな発見があると思う。子どもたちと様々な想像、予想をしながら読んでいくと、より物語のおもしろさが伝わり、子どもの発達にもつながっていくと思った。細かい部分に、気づくようにして伝えていくことが大切だと思った。

　教材研究には終わりがなく、すればするほど新たなことが見つかる。それを子どもにどう伝えていくか、どんなふうにつなげていくかが大切だと思った。今回の授業で本当に絵本への興味が大きくなりました。自分ももっと教材研究をしていこうと思いました。

（谷奥香澄）

＊——劇づくりにつなげる時には教材研究はとても大切になってくるなと思いました。深く読み、内容、登場人物の心情を、表情や文中から読み取ることで、私自身も楽しめるものになっていくなと感じました。絵本を保育の単なる導入として使うだけではなく、ごっこあそびにつなげる時も深く細かく読み解くことが大事だと知りました。これから、ずっと保育をしてくので、皆と一緒に考えることができてよい経験になりました。……その時々にこやぎやお母さんやぎや狼の表情から読み取ることや気持ちを考えるような声かけができるような保育士になりたいと思いました。
(中辻真美)

＊——こやぎたちはおおかみに騙されないように頑張っている。町の人はおおかみを恐れているがお母さんは自分で子どもを取り返そうと頑張っている。一番小さいやぎが怖い思いを我慢してお母さんの手伝いをいている様子がとてもよくわかった。この絵本は、平和な暮らしとは、当たり前にあるのではないということ、しかし、誰かを助けたいという思いがあれば、勝ちとることができると学ばせてくれるものである。
(伊地知美帆)

＊——教材を調べるのに、一冊の絵本の16ページだけを授業3時間もかけ、細かい描写やその1ページに込められた作者や画家の思いがあることを感じた。同じ題名の絵本でも、作者や画家、出版社が違うだけで、描かれる思いも内容も変わってくることがわかったので、同じ題名の絵本でも何冊も読み比べて、よい本を見つけようと思った。この『おおかみと七ひきのこやぎ』は小さいところまで絵が描かれていたり、動物なのに人間のような表情やしぐさが描けていて、子どももこやぎと同じ気持ちになってこの本の世界へ入り込めると思った。また、母子家庭で母親が頑張っているところなど、現在の子どもたちと共通する点もあり、子ども自身が楽しめると思った。
(高井美弥)

＊——出かける前に、声と足のことしかた伝えなかった母親、父親がおおかみに殺されているのだから、もっともっと慎重に、そして、先のことを見通さなけ

ればならなかったのに、それをしなかった母親、食べられたと知った時は、本当に後悔したと思う。しかし、父親が食べられて、子どもが食べられて、そんな中で、なおおおかみに立ち向かった母子の勇気に驚いた。きっと怖かっただろうと思う。それでも勇気を振り絞ったことで、子どもたちは助かって、おおかみをやっつけることができた。自分たちも町の人も平和を取り戻した。その平和を取り戻す過程で、子どもたちが助かったことだけで、ぬかよろこびをせず、先を見越して、石を詰めたこやぎたちと母親の成長が見えた。　　　　　　　（前田美由紀）

＊──　母がぶちの白いやぎで父が黒やぎなので5匹が白、1匹が白に黒模様のこやぎなんだろうと思った。おはなしを通して、安心して平和に暮らしていくことは、当たり前なんかじゃなく、知恵と勇気がいることを考えさせられた。
　　　　　　　　　　　　　　　　　　　　　　　　　　　　　　　（横山瞳）

＊──　この絵本は悲しみや苦しみの先に幸せが待っているということを伝えてくれる。その幸せも、自分の努力や経験や知識、ひらめきが支えになっているのだと感じられた。母の弱さ強さ、子どもの弱さから強さに変化する、感情や表情を深く見ることによって変化を感じることができた。　　　　　（井口真里菜）

＊──　絵本のやぎたちは皆同じ動きはしていない。みんな違う動きをしているからこそ見ている読者も飽きることがない。この動きも劇に取り入れて表現できるともっと演じ方も拡がっていくと思う。　　　　　　　　　　　（佐藤貴史）

＊──　絵本にはストーリーだけでなく、絵にもサブストーリーがあったり、なるほどといったサプライズがあることは、いままでの山﨑先生の授業で聞いて知っていたのですが、場面ごとにそのシーンのことから、内容を理解すると、読み聞かせをしていただいた時の倍以上もこの『おおかみと七ひきのこやぎ』を深く広く理解することができました。この授業を機に、子どもの前で読む時は、読みたい絵本を事前にストーリーを覚えるためだけではなく、1ページ1ページじっく

りと読み、自分自身でも理解できた時の喜びや楽しさがあったので、子どもたちにも楽しさが経験できるように読み聞かせたいです。　　　　　　（平井和明）

＊── そこまで見る必要があるのかと思うところまで見ていったら、すべての絵に意味があった。絵にかいてあることは文になっていないけれど、話がより詳しくわかった。絵と文の関係が理解できた。そして、文にないところまで子どもに伝えていくために必要なのが教材分析なのだと思った。……今回のようにじっくり見たら、不安や喜び、性格など具体的に描かれている深い話であることがわかった。　　　　　　　　　　　　　　　　　　　　　　　　　　（瀧瑞穂）

＊── 教材研究は「あっ」と思うことがあって、わかるとすっきりして、おもしろいなと思いました。一番驚いたことはお母さんが必死で草場に行き、草をとり、慌てて帰ってきたが、その中の30分は、おおかみがこやぎたちを飲み込み寝た30分でもあった。いつも何気なく見ている絵本に作家の意図があると思うと、もっと探してみたくなりました。　　　　　　　　　　　　　　　（藤本菜摘）

　他にも、「この絵本の、おおかみに逆らえなかった粉屋さんなどを見ていて、いじめもこんな感じで、皆逆らえなくて起こってしまうのだろうなと思いました。」など、学生たちは、強制的に、威圧的に、恐怖感をともなって迫ってくるおおかみのずるさ、理不尽さを読み取っていました。学生がこの恐怖感を感じていることを見ると、2歳児3歳児が怖がって自分に迫ってくるように感じるのはよくわかる思いがしました。
　かつて保問研全国集会の文学部会で、「おおかみ死んだ！　おおかみ死んだ！　というのは残酷であるから、このおはなしは劇には向かない」と意見が出たことがあります。この時、会場の若い保育者が、「私は小さい頃、このおはなしを怖くてふるえながら聞いていましたが、おおかみが死んだ時、本当にほっとしたことを覚えています。気持ちがすっきりとしました。」と発言しました。会場のみんなが納得したことを覚えています。やはり子どもたちの不安な気持ちや理不尽

さに対して、解決をすることにより、安心できることが大事であると思います。昔話はどれも困難を解決する結末となっています。それには知恵や勇気が必要であること、おはなしの進行と共に登場人物が成長するなどを読み取れる絵とおはなしを選択することが必要であると思います。

　また、劇づくり途上にある学生たちで、さらに内容を身体的に受け止めている点が、タイミングよく深まったと思いました。劇では、主役だけではなく、「群衆」の動きが劇の全体を左右すると常に伝えていることですが、こやぎたちや町の人たちの動きを見る視点となっていました。授業を超えて相互理解をしている学生の能力に注目したいところです。

　教材分析をすることにより、深い意味を読み取り、学ぶということの喜びを感じた授業でもありました。まずは自分の幼児期や、何気なく読んだ時の気持ちを思い出し、それを基礎に、ありのままを見ていくことが大事であったようです。つまり、テーマとは何かなどを先に考えるのではなく、身体感覚で（学生の場合は絵を模写することでした）この絵本という想像世界を、登場人物になって楽しみながら考えていくと共通認識が深まります。

　保育において、子どもを発達に照らしてみるのではなく、目の前の子どもの受け止めたことに共感しながら共通感覚の場を共有し、想像世界を知覚し、拡大していくと、絵本の楽しさや怖さの中から絵本の意味も深めることができると思います。

4．おはなしを身ぶり表現で楽しむ子どもたち

（1）絵本から拡がる想像世界
　　　　『ごろごろ　にゃーん』の世界は楽しい！

　このおはなしを子どもたちに手渡した学生と保育者とを比較して、絵本の世界の広がりを見ていきます。

　まず、筆者の授業で絵本『ごろごろ　にゃーん』（長新太作／絵　福音館書店　1984）を見た学生が、よくはなしがわからなかったので、子どもが理解できるのかどう

かを保育所ボランティアで3歳児に確かめたそうです。すると子どもは、ページをめくるたびにさかなを食べるまねをしたり、「ごろごろにゃーん　ごろごろにゃーん」と言いはじめ、登場するものを指さしたり、犬が嚙みついた時にはびっくりして楽しんでいたそうです。終わると「もう一回読んで」と催促があったようです。

　同じ絵本をある保育者のクラスでも読みました。と、子どもたちはブーンと飛行機になって飛びはじめ、次の日も読んでほしいと言ってきたそうです。子どもたちが絵本を見ておもしろいと思ったものには、指さしをし、毎ページ繰り返す「ごろごろにゃーん　ごろごろにゃーん」を次第に覚えて、飛行機のように飛んで行くような気分や、絵本の飛行機がまるで動いているように感じている様子だったそうです。

　学生のボランティア時と違って保育者の保育では、子どもたちが絵本の一番簡単で、一番なってみたい飛行機を自分が両手を広げて再現しています。絵本で感じた楽しい・おもしろいという気持ちを身ぶりで表現して楽しんでいるのです。絵本から受けた「飛行機になって飛んで行きたい、行ける」というイメージをもった子どもたちは、ついからだを飛行機にして飛びだしたのです。

　日常的に絵本は読んでもらって共感し、繰り返し楽しむものです。学生の経験した子どもたちと、保育者のクラスの子どもたちには違いがありません。しかし、飛行機になってからだで表現した子どもたちとでは違いがみられます。

　学生の場合を考えてみます。猫の乗った飛行機がどんな形であるかは絵本の絵に描いてあります。子どもたちは空を飛んでいる飛行機を見たことがあっても、ほとんどの子どもたちはまだ、乗ったことがないので、ごろごろという飛行機の音なのか猫のごろごろなのか、ごろごろというだけで、絵を見て果たしてどこまで想像できていたでしょうか。またその想像は、友だちと共有されていたのでしょうか。一人だけの想像力には広がりがあったでしょうか。

　一方、保育者のクラスの子どもたちは、飛行機の象徴である翼を、両腕を広げて表現し、飛んだつもりになっています。飛行機になって走ってみることにより、早い、羽がある、高いところを飛べる、止まったり飛んだりする、みんなで飛ぶ

と楽しいなどが共感し合えています。また、からだで表現している身ぶり表現の飛行機は、他の子どもたちが見ていてもよくわかりますから、友だち同士で見合いながら、「あんなにピンとした翼がかっこいい」「よく飛ぶのだろう」「高く飛んでいるよ」「あんなに速いのが本当の飛行機らしい」などと話したり、まねたりしながら自分の表現する飛行機にも工夫を加えてきます。この飛行機の身ぶり表現は、ことばでは言いあらわせないことをからだで表現しています。飛行機の形や速さを間接的に再現して、飛行機への興味を拡げています。

　さらに、初歩的な興味である飛行機になって模倣をしてみることで、自分と対象物を一体化させて、楽しみながら満足した子どもたちは、次に知りたいという意欲へむかっていきます。この気持ちは、飛行機になることや「もっかい」と『ごろごろ　にゃーん』のおはなしへとかえっていきます。飛行機になっただけではなく、雨の中を

「つめたいなぁ」

など言いながら頭を抱えるように飛んでいき、へびの上を、

「そーっと飛ぼうね」

「こわいな」

といいながら飛んでいきます。街の上を飛ぶ時は

「ぼくの家はどこかな」

大きな人間の手は

「ぼくのお父さんの手や」

「おかえりいうてる」

「ワーッ、つかまえられそうや」

と逃げたり、追いかけたりしてあそぶなど、子どもたちは絵本からいろいろと想像を広げます。また、猫になって飛びながら釣りをしたり、飛行機を操縦したり、空や星などの宇宙を飛んで行くなど、おはなしの楽しさを再現し想像していきます。

　このように子どもたちはからだで飛行機になってみて、文や絵では直接描かれていないおはなしをつくり、再現していきます。再現し合いながら同時にクラス

独自の想像世界を拡げています。このおはなしもまた、日常世界がおはなし世界へと発展したともいえます。

　子どもたちの日常から想像し、猫たちの冒険の楽しい場面、緊迫した場面、怖い場面、雄大な場面、やっと帰ってほっとする場面、など、猫と飛行機を取り囲む情景や猫たちの気持ち（心理描写）を自分のものとして一体化させて経験していきます。日常から非日常への架け橋を猫たちが展開して、子どもたちも猫たちについていって非日常の世界である想像世界をわがものにしたのです。

　身近な日常や、ナンセンスのような世界から広い想像世界を楽しんだ子どもたちは、文学的センス（日常）を磨きながらおはなしの世界のおもしろさや豊かさを享受できるようになります。

（2）　文学で生きる力を学ぶ

　文学は、ストーリーと描写から成り立っていますが、「文学作品を読む」とはその2つの要素をどのようにうまく受け取るのかが問われます。絵本も同じですが、絵本はその上に絵が描かれています。しかし、その絵をどのように見るかは個々人で経験が違うだけに受け取り方が違い、読み終わってしまうとそのまま個人の受け止め方にまかされてしまいます。大半の絵本はそうして個人の内面に残っていくわけですが、自分のイメージを話したり、からだで表現することにより、イメージが拡がったり、深まったりします。これまで繰り返し述べてきましたが、ストーリーを絵に従って見るだけではなく、そこに自分の想像と他の人の想像を加えることで想像世界が拡がります。それを劇にすることで、ものごとを見る力、認識する力、考える力、友だちとコミュニケーションする力につながります。

　0歳児期から『いないいないばぁ』（前出）を見ながら一緒にいないいないばぁを楽しみ、『だるまさんが』（前出）では、そのまま左右にからだをふり、どてっ、ぷっ、びろーんなど共にまねてあそびます。大きくなると『かくれんぼうさぎ』（前出）で、かくれんぼや追いかけっこなどをしてあそびながら、からだで表現しあうことの楽しさを共感します。絵本は子どもたちのあそびから描かれ、新た

なあそびを描き出しています。絵本の楽しさはそこからはじまります。絵本ごっこもはじまります。

絵本はまた、子どもたちの生き方も見えてくる世界を描いています。身ぶり表現やことばで感じたおはなしのイメージを伝えながら、テーマや意味を共通理解をすることができます。子どもたちの今と未来をつなげるのがおはなしです。何がよくて、何がしてはいけないことか、実生活ではよく見えない人の生き方を、おはなしの主人公に憧れながら身につけていけるようにするのが保育・教育です。

5．保育の中間報告　運動会を創る

（1）　運動会そのものを楽しみにする（見通しをもつ／計画する）

運動会も子どもが主人公です。各年齢で楽しいプログラムを考え出しましょう。特に5歳児は運動会の環境を創り、運動会への楽しみを子どもたち自身で生みだすように考えます。

例えば、昨年の経験を話しあう、プログラム、旗、衣装、道具、看板を作りながら、今年のイメージを創りだす、運動用具も運動場に保護者がすべて持ちだすものではなく、どうするのかを子どもたちで考えて自分たちでできる準備をする、というように、当日はどんな運動会になるのだろうかとわくわくする気持ちで運動会全体のイメージを子どもたちがプロデュースして創ります。

（2）　運動会はからだと想像する力を伸ばし、生きる力とする

楽しみながら、運動面での技能を伸ばし、できる、できないではなく、できたことを楽しむようにすると、友だち間でも評価の観点が優しいものに変わっていきます。発達する課題を持ちながら、誰もが伸びるようにしたいものです。

日常的に自然から得たものを身ぶり表現でイメージを拡げて文学につなげてきた保育の連続性の中に運動会も当然位置づけていきます。小学校のように体育だ

けが特化された運動会ではなく、乳幼児の日常的なあそびや表現も含めた総合的な、1年間の中間発表として、子どもたちの発達を確かめあう大きな行事とします。

（3） 運動会での「リズム表現（グランド劇）」

　おはなしの身ぶり表現を広い園庭（運動場・近くの公園）で、登場人物になって、演じておはなしの中で生きることを「リズム表現」としています。運動会の「劇的表現」あるいは「野外劇」「グランド劇」と称している園もあります。

　秋の自然な気持ちよい広い空間で、からだの表現、リズミカルな表現、歌も加え祭りのように楽しいイメージの世界を年令毎に展開して保護者に見てもらいます。

　身ぶり表現や「生活発表会」と同じく、広岡（前出）がはじめた「リズム表現」です。この身ぶり表現を入れる運動会のプログラムは、大阪の保育園や幼稚園の一部で継承発展させ行われています。兵庫県、奈良県、京都府、熊本県などの保育園でも試みられています。

　運動会を体育的活動だけではなく、日ごろ行っている身体的劇的表現も加えて乳幼児の発達にふさわしい、総合的取り組みをプログラムに加えて、新しい運動会の取り組みに創り上げようと変化してきています。

　身体的にイメージする力を広い場所で大きくのばし、友だちと応答し合いクラスで表現を創りだす場を運動会の中の一つのプログラムとして創り出します。

　なお、運動会を創造する力を伸ばす発達の節にするには、子どもも保育者も自己課題や目標を明らかにし、評価・反省をして、（子どもは絵などで、保育者は諸記録で）後半の保育に向かうことが重要です。

　また、想像は文学的にも科学的にも未知のものを生みだし、現実の生活を強く揺さぶりながら、現実生活への示唆を与えますから、年間の二大行事のひとつ、運動会の取り組みにも加える意味は大きいと思います。

3章

生活発表会での劇づくり
(意味と取り組み過程)

3章　生活発表会での劇づくり
（意味と取り組み過程）

1．生活発表会とは

　幼稚園創立当初の1876年（明治9年）の保育内容は「遊戯」「唱歌」「談話」「手技」を中心としていました。お遊戯会という形で、小学校の「学芸会」のように3学期に保護者に見てもらう会が催されていました。
　この形の決まったお遊戯ではなく、戦後の園舎も遊具もピアノもない中で、からだで自由に表現する身ぶり表現をはじめたのが、前述した広岡キミエです。この身ぶり表現でおはなしをお芝居にして発表をしようと、お遊戯会を取りやめて「生活発表会」と命名したのも、広岡です。画期的な取り組みであったと思います。
　子どもたちの保育期間（幼稚園では3年間、保育園では6年間）の保育を受けて、その1年1年を区切り、何を楽しんで過ごしてきたのか、子どもたちの獲得したものは何かを、子どもも保護者も保育者も共有し確かめあって次の課題を確認する場として「生活発表会」があります。文学、音楽、絵画、運動などを含めて、からだ全体の総合表現を楽しむ会として、年間保育計画に位置付けられてきました。
　特に、年間を通し前期のまとめを、運動会で運動的なプログラムと身ぶり表現でおはなしのイメージを表現する「リズム表現（グランド劇）」とし、後期は1

年間の総合的なまとめとして「生活発表会」を、子どもたちの成長・発達の節としてきました。

現在、多くの園ではダンスや楽器演奏、歌などが生活発表会の主流となっていますが、劇も行われています。しかし、その内容は保育者がシナリオを書く、市販されているシナリオまたはCDを使う、グループごとに順番に舞台へ登場して、一定のおはなしの台詞を一緒に言い、歌を歌っている間にストーリーが展開する。役の身ぶりはしなくても面や衣装があるからわかるというものです。見終わっても保護者からは「かわいくやっていたね」という感想しか聞けません。

この劇づくりは保育者にとっては、簡単で短時間ででき上がります。が、子どもの自主性や想像性は期待できません。

2．文学を劇にすることへのこだわり

なぜ、文学を劇にするのでしょう。それは文学を劇にすることによって、実際ではできない想像世界に生き、主人公などの生き方をからだで追体験できるからです。主人公を生きることで、新しく知らなかった人や出来事に出会い想像を拡げることができます。劇づくりをすることでおはなしを深め、身ぶり表現や話し合いで時に意見の対立を生みながらも、全体の劇をすすめる過程でおはなしの主題（テーマ）が全員のものになります。おはなしをからだで生きながら疑問を解決し、テーマが伝わる劇とし、劇後の子どもたちは新たな世界を思考しはじめます。話し合って創った劇づくりの過程でのコミュニケーションにより、人と力をあわせることの喜び、達成感や充実感を味わうことにより、これからの日常生活にも還元していくようになります。

文学とは「問題を提起する」（『虚構としての文学』西郷竹彦　国土社　1991）といわれていますが、文学は子どもと先生に問題を投げかけ、劇づくりの中で解決していくことができます。劇にすることによって文学の意味をより豊かに拡げて、自分のものとします。

これまで、劇づくりの経過や劇づくりを終えた子どもたちが新しいものの見方

や感じ方、様々な出来事に対応する力をより豊かに発揮するなどの、変化をする多くの姿がみられたので、文学を劇づくりすることにこだわってきました。

　これらの想像世界の獲得は、より高次なおはなしや児童文学を理解する基礎となります。ことばを少しの絵でかかれた物語を、想像しながら自分へ問いかけ、自分とは違う世界を我がものにしていくプロセスが児童文学を読むということです。文学である物語を読むとは、個人的な行為ですが、自分で豊かに想像して楽しめるようになるまでには、たくさんの絵本から物語への通路を通って楽しむ力を蓄えることが必要であると考えています。

　第4章で文学を劇にして想像世界の拡がりを楽しむ子どもたちの様子を具体的に書いています。

3．劇とは

　演出家千田は劇とは

> 視、聴、時、空にわたる四次元の芸術である。絵画、彫刻、建築、舞踊、音楽、文学の芸術部門を集めた「総合芸術」である。

と、『千田是也 演劇対話集』（未来社　1978）で述べていますが、これは、おとなの演劇だけではなく、小さい子どもたちの劇にも言えます。劇とは子どもたちが保育の中で培ってきた総合的な表現力を土台に、新たな創造世界を創りだすことです。広岡が生活発表会は「子どもたちの卒論」と定義したのですが、年間の保育を総合させ、結実したものが、生活発表会における劇となります。

　また、鈴木忠志は劇とは

> ある人（登場人物）の人間の姿をかりて人間というものの意味・状態なり、精神状態を見えるものにする。　劇とは見えないものを見えるように

| していくものである。　　　　（「演劇と教育」2001年8・9月合併号　晩成書房）

としています。子どもたちも　現実に直面して自分の思っていることを思うままに表現できず、多くは忘れてしまうでしょう。しかし、劇は身ぶり表現をもとに対象の人物になって、実現できない可能性を劇の中で演じ、その人物の体験を自分のものとしていくことができます。

　そして、芸術の存在理由にあげられる個人の内面の表現や人間理解、人間関係の創造は、劇づくりのそのままの課題となります。劇とは多様な可能性を追求することのできる、子どもにとっては全面発達できるもので、総合保育です。低年齢のごっこあそびも生活再現であったり、おはなしのごっこあそびであったりしますが、その年齢に応じた総合活動と言えます。

　また、劇づくりはどのようにしていくのか方法がわからないと言われる方もあります。特別な方法があるわけではありません。演劇集団のように基礎レッスンを行うわけではありません。日常の保育の積み上げから劇づくりに移行します。1章で述べた環境から子どもたちが発見して身ぶり表現したことを、2章で述べた絵本からも発見し、身ぶり表現し、からだで感じながらおはなしの内容を劇にします。つまり、実際に経験できない、怖さ、悲しみや喜びを想像し、目に見えないおはなしの世界から意味を理解していくのが劇です。

　身ぶり表現による具体的な劇づくりの行程・プロセスを大枠で提案します。各項目内も、子どもたちの自主性や保育者の想像性や創造性で変化発展します。また、どの項目を通るかは子どもたちの年齢により、子どもを見ながら、各自劇づくりのプロセスをデザインしてください。

4．劇づくりのプロセス

（1）　クラスの課題を考え、保育者や子ども個々の課題を考える

　劇づくりの取り組みをはじめるにあたって、まず、することは子どもとクラス

と保育者の課題を明らかにすることです。4月当初からクラスの様子と年間での変化を明らかにして、劇づくり前の課題と目標とを明らかにしておきます。劇づくりが単なる見せるだけの取り組みとなっていて、発表会当日まで前述したようにおとながシナリオを考え、子どもたちは覚える、終わると子どももおとなも全く見向きもしない、という実践を見ることもあります。また、おとなは子どもの意見を聞いているようでも性急に自分の答えを出してしまう、子どもの表現を受け入れず認めない、子どもで相互に考えあい創りだす機会がつくれていない、劇の深めるところが浅く子どもが飽きてしまっている、といった様子が見られることがあります。

　子どもが主体的・能動的に取り組む劇づくりを目標にして、その取り組みの内容を深めるのはおとなの役割です。おとなには子どもとの関係の中で年齢やクラス、個々の子どもたちに合わせて、柔軟な対応が求められます。それまでの子どもとの関係とおとなの保育姿勢を省察し、おとなも目標・課題をもって取り組むことが責任ある保育者の姿勢であり、課題達成に近づくことがおとなの喜びとなります。

（2）　題材選び

　どんなおはなしにするのか、子どもたちの興味、要求や経験に根ざしていることが、何にもまして大事なことです。子どもが何を求め、どんなことを思っているのか日常の生活やあそびの中でとらえておき、それまで絵本を読んだりおはな

しごっこをしてあそんできた一年間を総合的にまとめてどんな題材が適しているかを考えます。(『改訂版　子どもと保育　5歳児』p.168～176、『改訂版　子どもと保育4歳児』p.162～172　山﨑由紀子　かもがわ出版　2005)

　子どもとおはなしを創作して劇にする実践も見てきましたが、子どもと作っていく内容には限界があります。今出版されている絵本や物語や昔話・民話の多くは、永年人々により精査されて読み継がれてきたものです。つまり完成度の高いおはなしであると言えます。2章で記述した絵本の選択理由も考えて絵本を選び、それをもとに劇づくりに取り組んでいくことにより、
・劇づくりの途中でも、ものがたりの場面を想像的に広げることができる。
・絵本をもとに自分たちの劇を創り出すことができる。
・想像、創造することの楽しさやおはなしに出てくる困難を乗り越えて幸せや平和が訪れることが確認でき、次の想像、創造に向かうことができる。
・劇が終わってからも、さらに他の絵本やおはなしへ興味を向けるようになる。
　などの理由により、よい絵本の選択とその取り組み経過が重要となります。

　おはなしの選択も、0歳児は毎日の生活の中でのおとなとの対応やおもちゃとのあそびを楽しみ、絵本とのやり取りなどが見られはじめます。この様子を舞台でそのまま再現してあそびます。人となって生活環境を獲得してきた0歳児の生活文化とあそび文化を見える形で発表します。
　1歳児は、ものを媒介としてやり取りが成立し、人との関わりを楽しめるようになります。子どもがものに関わり、その関わりを通して人に関わっていく。ものとの関わりの深化が人との関わりを深めていく、そんなプロセスが見られるような場にします。友だちと関わりながら、身近に経験したことが出てくるおはなしであそびます。秋においもほりを楽しんで『ねずみのいもほり』(山下明生作　いわむらかずお絵　ひさかたチャイルド　1984)など、もの見たてや人見たてができるようになるので、スコップや作ったおいもなどの道具と関わってイメージを拡げられる簡単なおはなしをもとにします。ストーリーの筋のままではなく、あそんで広がった場面で生活発表会の当日もあそびます。(4章—3)

2歳児は、身近にあって知っているものが登場する簡単なおはなしで、ストーリーがはっきりしているもの、おもしろいあそびができるもの、ねこをよく見ているので『11ぴきのねこ』（馬場のぼる作　こぐま社　1967）など、からだを動かしてあそべる、ごっこあそびや劇あそびの展開しやすい楽しい絵本の選択となります。（4章―4）

3歳児は登場人物がはっきりしていて、2、3場面で対立がはっきりしているもの、登場人物は身近なもので、筋は展開のおもしろいもの、ユーモアのある楽しいもの、うさぎをよく見て知っているので『かくれんぼうさぎ』（前出）のおはなしを選んだり、夏にかえるでよく遊んだので『おたまじゃくしの101ちゃん』（かこさとし作／絵　偕成社　1973）など、直接経験があったり、行動を阻むもの（天敵）の登場でごっこあそびや劇あそびが楽しくなります。（4章―5）

4歳児は登場人物の対立がはっきりしていて、ドラマ的展開のあるもの、少し長めのもの、テーマ性があり今の生活の中に還元しやすいものを選びます。（4章―6）

5歳児は文学として完成度の高いもので、対立は多少複雑であるもの、起承転結の"転"が複数回あるドラマ的展開のあるもの、おはなしの筋が入り組んでいて、目的に向かっては困難な課題が出てくるが、知恵や勇気を出して向かっていくような課題が含まれているものを選ぶと、子どもたちは意欲的に劇づくりを深めたり考えたりして楽しむことができます。

題材の選択にあたっては、日ごろよく読んで楽しんでいるもの、子どもたちの好きなもの、クラスの子どもたちに適しているとおとなが考えたものの中から選びます。1年間、子どもたちとあそんできて、子どもたちの課題にあった絵本や本が選べる力をつけるのはおとなの課題です。自分の好みや私がこれを劇にしたかったのでという安易な押し付けの選択では子ども主体の劇づくりの意味を失います。

（3） 劇への導入

　おはなしの中には子どもたちが日ごろあそびで知っている部分があるものです。子どもたちの憧れていたところやおもしろいところ、自分のあそびと共通している場面から入ると、楽しく想像世界へ入っていくことができます。昔話でも外国のおはなしでも主人公が登場すれば、どんなあそびをしていたんだろうと想像しはじめます。このあそびは子どもたちが自分の生活から想像をしはじめるので、おはなしの内容とは異なるあそびになる場合もあります。が、そのまますすめるとよいのです。例えば、『やまんばのにしき』（松谷みよ子作　瀬川康男絵　ポプラ社1967）の劇で、登場する子どもたちのあそびを考えてあそびをしようということになった時、子どもたちの知っているいろいろのあそびをします。あそんだ後で、昔の子どもたちがどんなあそびをしていたのか、ちょうふく山へ登ってあそんだのかなど、おはなしの時代のあそびや、内容を考えるようになります。すると子どもたちは、「昔のおもちゃってなんだったのかおばあちゃんに聞いてみよう」「ちょうふく山へは怖いやまんばがいると言われている、でも登ってみよう」でも、怖くなって逃げ帰ってくるなどとあそびを変化させ、昔のことややまんばにもちを持って行くことが、いかに怖いことであるかを想像的に理解していきます。
　導入でおはなしの背景の世界が共有できると、おはなしの内容への興味は深まります。導入は次の情況を共有する入り口となります。一般的なあそびから、劇のおはなしの中ならではの固有なあそびへと想像を広げていきます。

（4） 場面を広げる

　おはなしは何回か読むと子どもたちの中には、先へ先へ筋を追ってはなす子どもが出てきます。覚えた子どもも大事にしながら、みんなでがわかるようにするために、1場面1場面を身ぶり表現と話し合いによって、からだとことばであそびながら場面を創り出していきます。事件はどこで起きたのか、背景や人物同士

の関わりを楽しみながら徐々にイメージの共有を図り、確かめ合いながら進めていきます。場面もおはなしの通りの表現ではなく、子どもたちが想像して考え合った表現や台詞で劇の各場面を創っていきます。

　この時に子どもがからだとことばで表現し合うことは、いわば子どもたちのおはなし理解であり、教材研究の場となります。どんな時代であったのか、食べていたものは何だったのか、何で炊いていたのか、高い山とあるけれどどれほどの高さか、おおかみはなぜ怖いのか、爪や歯はどうなっているのかなど、子どもたちが自分の経験から想像ができるようにします。参考になる絵本や図鑑、ビデオなど資料を子どもが集めたり、家族の知恵を借りたりすることが内容理解と劇づくりへの興味を拡げます。

　こうして毎日、子どもたちが関連する資料を探して発見し、学び合うことでおはなしの周辺の環境、文化環境をより深くみて、必要なものを取り出すことができるようになります。例えば通園途中の木の葉の変化も、屋根の違いもおはなしとの関連で気づくようになります。

　「場面を拡げる」とは場面ごとに役になって身ぶり表現し、子どもが想像したり考えたり調べたりした内容も加えて、クラスのオリジナルな場面に想像的に劇的に展開することです。

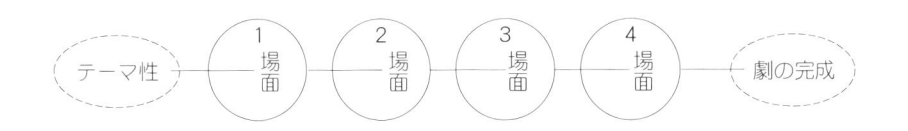

図5　おはなしの劇づくりのプロセス

　この創り出された各場面を子どもがつなげていくようにします。
　ゆっくりと子どもが1の場面と2の場面はこうしてつなげると筋をすすめていくことで、劇全体を理解していきます。おとながつなげるとその時に子どもは劇の流れがわからなくなり、おもしろくなくなります。また、この時おとなは、この場面つなぎでおはなしのテーマが通っているように気をつけます。

（5） おはなしのごっこあそびをする

　子どもたちはおはなしの楽しかったところや、感動したところで自らあそびはじめます。簡単なあそびからはじめ、積み木などを使って家、森や乗り物に見たててあそびはじめ、劇の大道具や小道具をつくるとそれを使って劇の部分を再現してあそびはじめます。子どもたちは楽しいおはなしのごっこあそびをしながら劇の筋を反復しているのです。

　ごっこあそびのはじまりは、生活のごっこあそびです。これはみんなが生活に慣れてきて、友だちと共有できるから楽しくあそびます。簡単なおはなしごっこは絵本を見るとすぐに再現してあそびます。ですから、劇の導入やおはなしの場面を自分たちでつくり、みんなで知っているイメージになったことを劇ごっこで再現してあそぶのです。自分たちのつくったイメージを反復しながら、イメージの共有を確かめあって楽しみ、さらに、あそびながらおはなしの世界の拡大を自分たちで考え出します。これを劇のストーリー展開に加えると子どもの主体性がさらに盛り込まれる劇となり、オリジナルなごっこあそび、劇づくりとなります。

（6） 小道具、大道具をつくって劇ごっこをする

　大小道具は劇のイメージを表現し、子どもも観客もこの道具により、劇のイメージを共有することができます。子どもたちと創りながら、劇が展開する場所は森なのか街なのか、劇の空間は広いのか狭いのか遠いのか、時間は朝か昼か夕方なのかなど想像をふくらませていきます。季節、場所や時代のイメージを具体的な背景や大道具や小道具で創りだします。

　子どもたちが、おうちごっこで積み木を家にしたように、劇の大小道具は現実の世界からおはなしの世界、想像世界への媒介物です。こうした道具をつくりながらイメージを広げたり、使い方を考えたりして、劇への期待や予測をし、イメージを確かなものにしていきます。また、道具を使って、道具を出し入れして、劇

の場面転換をはかります。

　劇づくりに取り組んでいる保育室の環境は変化します。例えば『きんいろあらし』(カズコ・G・ストーン作　福音館書店　1998)の劇をする保育室にはきんいろあらしになる柳の木が、真っ黄色の葉っぱでつくられて、壁面も真っ黄色の柳でした。一人一人が楽しみながらつくった黄色い葉っぱや枝は劇の壁面や、身ぶり表現の"きんいろあらし"が通り過ぎると、木についていた枝々が子どもたちが手に持って飛び散っていく様子に一役買っていました。やなぎむらの小さい虫たちにとって、本当に大きな嵐だったということがよくわかる場面となっていました。

　このように、おはなしの情景をみんなでつくり、保育室の壁面に飾ることによって、まるで劇の世界にいるかのような気持ちになって、役を表現して楽しむことができます。道具は劇の世界を想像しやすくし、イメージの共有を深めます。

　また、道具の数は最小限必要なものをつくって、子どもたちが場面に応じて出し入れができるようにします。多かったり、大きかったりすると、子どもでは出し入れができなくなります。3・4・5歳児は、劇的雰囲気のある場面や舞台転換を子どもたちでできるような形、大きさや数を考えていきます。

　なお、あそびやイメージの共有のために劇づくりの初期には必要であっても、劇後半になると、世界が共有されて、実際のものは必要ではなくなる場合があります。はじめにはおはなしに入りやすいようにものをつくり、ものに依拠しながら想像を広げていきます。例えば当初はかばんを持って登場することで共感し合って表現をしていても、おはなしの中のかばんを持っていく意味がわかりはじめた段階で、具体的なかばんの出し入れはイメージを壊すなど必要ではなくなることがあります。この時は子どもたちの劇の表現内容が豊かになってきたことを示すので、かばんを持っているつもりで表現すればよいしたらよいと思います。せっかく作ったのだからと固執せず内容の深化に目を向けるようにすることです。衣装やお面などにも同じことが言えます。

　道具も情景をあらわすだけではなく、いろいろな使い方を工夫できます。どのように使うかも子どもとの劇づくりの楽しみです。幕間のない劇づくりですから、

道具が動くと場面が変わるおもしろさを子どもたちが創り出します。山をあらわす時『やまんばのにしき』(前出)のちょうふく山に登っていくような場面であれば、高い山が重なるように、頂上のやまんばの家に近づいたら、低い山に変えて、登ってきたことをあらわします。また、同じ大きな山でも『インドガンのわたり』(山﨑由紀子作　私製本)のようにヒマラヤを越えていくがんの場面で、低い山を置き、高い山は固定せず子どもたちが持ち上げて高さが出せるように作るとか、一枚の段ボールに貼って作った木の裏表で季節を変えるとか、木を数本作って並び方を変えて森にしたり、奥行のある道や曲がった道にしたり、木を後ろにかくれて動かし、森に迷った白雪姫の行く手を塞ぎ、森の恐ろしさを表現するなどが考えられます。単なる森であるだけではなく劇の内容を深めるために道具の動きに変化をつけます。すると道具を持って木の役を演じている子どもが主体的に木になって表現しはじめます。森は生きて動きはじめます。木の役も主人公となっていきます。

　背景も、工夫を重ねてきました。『スーホの白い馬』(大塚勇三再話　赤羽末吉絵　福音館書店　1967)のバックでは、広い広い草原をあらわすためにどうすればよいかを子どもと考えた末、横に長く紙をつないで草原を描き、遠くに小さくパオや町を描きました。この時、作者の赤羽末吉のこだわりを子どもと実感することができました。

　赤羽もこの『スーホの白い馬』の一冊目は普通の縦型の絵本であったものを、二度目には横長の形で出版したのです。横長になっての出版が1967年です。それまで福音館書店では、絵本は本箱に納まりやすく同じ形と決まっていたようです。それを押して、横長にした作者の意図が、子どもたちと劇の背景をつくるにあたって共通していました。子どもたちの劇の背景もまた決まった大きさで固定化せず、劇の内容に応じて柔軟に創造しましょう。

　また、絵本に描いてあった場面をそのまま背景に描いてしまうと、劇にならない場合があります。絵本はそのページでおはなしと絵があっているのですが、劇は動いて進行していきますから、小道具として持っていってしまい、劇の場面ではなくなるはずのものが、舞台の背景には描かれたままであることがあります。

絵本と劇の違いを考えて、絵本をそのままバックにするのではなく、劇用としての背景を創造する必要があります。

　色彩にも配慮がいります。道具や背景は劇の雰囲気を豊かに補助できるように、場面にあった色彩を取り入れます。子どもと相談しながら子どもも観客の保護者が見ても「ああ、明るく楽しい場面だな」「怖いことが起こるのかな」と想像をふくらませます。劇づくりの大事な絵画的表現場面です。

　最後に、劇をする場所は舞台です。施設によっては狭いところや、大阪千代田短期大学附属幼稚園のように、広くて中幕の黒いカーテンが自動で開閉する本格的な劇場のような雰囲気で子どもの表現がくっきりと見えるところなどいろいろあります。ホールを縦半分にして、子どもたちの創った劇が、できるだけからだで充分表現できるように、一方を舞台に、他方を客席にとわけているところもあります。表現しやすく待機場所にいる子どもたちも友だちの表現が見えるようになります。特別の壇を設けずフラットな床面で、表現する子どもの気持ちまで伝わってくるような位置で、表現する子どもたちと見る人の呼吸まで通わせられる関係を創れるような空間に設定しましょう。

　または客席の中央や周囲を花道にして、広がりや遠さを子ども自身が実感できるようにすると見ていても劇の深まりや広がりを感じることができます。今ある施設の環境をどのように劇的空間に使いこなすかを考えて、子どもの表現が最大限に創造的に発揮できるように創り上げましょう。

(7)　おはなしの筋や登場人物の性格を知り、台詞をつくりだす

　おはなしの性格や台詞づくりは、場面あそびをしながら、自分たちのつくりだしたもので積み上がっていきます。子どもたちが理解できただけ台詞となります。それもはじめから決まった台詞があって、覚えていく劇にすると、内容理解を伴わないことばで進める劇となります。

　台詞は覚えるのではなく、子どもが劇の場面を想像して拡げていく時に創りだすものです。繰り返し楽しんで創りだす台詞は、だれでも言えるようになります。

劇づくり当初は、役の表現を楽しんで劇を好きになるイメージの入口ですから、身体表現である身ぶり表現と共に簡単な台詞を加えて、表現を楽しむようにします。

　台詞には場面内で誰もが自由に言う並列的台詞と、劇のものがたりの筋を進める台詞とがあります。自由に考えて自然に出てくる台詞は簡単に身ぶり表現と共に出せるようになります。その中から、筋を進める台詞が子どもたちから出てきます。これは1章3（図3）で述べたように、現実との共通な並列的な表現から想像場面に入ったように、子どもたちがおはなしの筋との差異性を見つけだしていきます。筋を先に先にと、追っていた子どもの発言とは異なり、どうしてそうなっていくのかを理解しながらの進行する台詞となります。

　この筋を進行する台詞も身ぶり表現をしながら劇の流れを共有して、子どもたちが出してくるわけですから、お互いに援助し合って言えるようになります。この時、本では長い台詞であっても意味を伝える台詞、自分が理解した台詞、言い回しのしやすい台詞を子どもたちは生みだします。この台詞の創り方をすると、おとなが台詞を覚えさせるのではなく、子どもたちが意味がわかって、自分で解釈して、自分たちのことばで台詞を創って表現する力をつけます。

　こうして、台詞を作って身につけた段階で、文学的表現である作者の書いている必要な台詞をもう一度読み直してみます。絵本の台詞の方がいいということを子どもが判断すれば、言いかえる場合があります。その段階にくれば子どもたちは容易に言いかえることができます。そのままでも充分話の内容が表現できるのであれば、強いてかえることはありません。

（8）　おはなしの中で楽しい祭りの場面をつくる

　子どもたちはあそびが大好きです。あそびは日常生活の外にあり、何かを見たてたつもりになってあそびます。あそびの要素と同じく、祭りのことをホイジンガは述べています。

> 祭とは物事を形象化し、イメージを創り出すことによって、現実にとって代わるものを生み出す行為である。
>
> (『ホモ・ルーデンス』ホイジンガ　高橋英夫訳　中公文庫　1973　p.46)

　続けて、自然の営みの中で起こる様々な強大な事件を、神に捧げまつる行事に演じて祝ったものが祭りであると書かれています。季節が変わる時、五穀の生長と実り、人間や動物の誕生、生と死など想像力で豊かに創り変え、劇的演技の形をとって神々に展覧し供するのが祭りであったようです。
　今も五穀豊穣を神に願い感謝する夏祭りや秋祭りがあります。私たちも誕生日を祝い、七五三を祝い、成人式、還暦など、人生の節々で感謝を込め祝います。祭りや祝祭は人間の一生でも一年でも節目となって、仕事を休みあそび空間を創り出してきました。
　そこで、子どもたちの劇にも筋を進めていく途中で祭りの場面を創ります。おはなしの筋を進行させるものではないが劇の内容を深めるために、簡単に全員が登場して楽しめる場面を作ります。演じている子どもも見ている保護者も、ホッと息をついて次のストーリーに期待できる気持ちになるように、祭り場面を位置付けます。
　内容は簡単な動きやダンス、踊りなどです。ピアノ伴奏は劇にあった曲にします。和風の劇であれば、和風の踊りにして、和音階で伴奏します。
　3・4歳児であれば短い劇であるため最後に、5歳児の長い劇の場合は中間に設定すると安心して後半の内容に向かうことができます。

（9）　劇を進行させる（役割分担）

　劇は子どもたちが登場人物として役を分担し、物語を進行していきます。決める時期は本番約10日前です。それまでは、各場面で誰もが、どの役にもなってイメージを共有していきます。役決めのあと、今までの場面であそんだことをつなげて、舞台で場の感覚を共通理解したり、道具を使ったりして立体的な劇的空間

を創り出します。歌舞伎の上手、下手や花道のように古くから行われているような場づくりも工夫し、劇空間を舞台空間に創っていきます。

　役決めは、今までの劇づくりの経過からみて、子どもたちとおとなで決めます。なりたい役がたくさんあったり、一つの役に候補者が複数になったりします。この時は子どものなりたい理由や推薦理由を話し合って決めます。あるいはこの場面はこの課題を乗り越えられるようにというおとなの願いも加えて、子どもの話し合いに提案する場合もあります。劇の中で自分の課題を乗り越えるためのそれぞれの役割分担を決めます。

　役割が決まった段階から、子どもたちは自分の役を相手役と共に身ぶりとことばで工夫しはじめます。道具を出し入れする役も重要ですから、場面を道具で創りながら役を演じて劇を交代し合って進行していきます。主人公が前半後半で2人になっても子どもたちは、筋を変えることなく演じることができます。

　この役割分担をして後に、おはなしのテーマ性の理解を深めていきます。演技を見合うことにより、自分の役を演じることの意味を表現しながら深めていきます。演じるもの・観るものになり互いに意見を交流し、全員で一つの創造世界を創りだしていきます。

　劇の全体の流れがわかりだした子どもの間で、もっとこう表現した方がよいと友だちの表現に意見を言いはじめます。この時は、なぜそう思うのかを相手にわかるように、伝えられるように援助します。批判的なだけの言い方では、子どもの気持ちを劇から遠ざけます。協力して楽しい、よい劇にしたい気持ちの通じあうコミュニケーションがとれるように配慮が必要です。劇づくりは個々人と集団の自立を促すものです。劇のテーマが理解できた段階から、子どもたちは、さらに自分の役割を演じることへの意欲を高めはじめます。

(10)　練り上げる（仕上げ期）

　最終3日ほどは、子どもとおとなで練り上げ期をもちます。
　おとなもこの時点で子どもの動きや台詞で何回も書き直してきたシナリオの最

終チェックを行います。おはなしのテーマが通っているかどうか（図5）見直します。場面あそびの時に表現していた役の身ぶり表現が、筋を追うことに注意が向いて消えている場合があります。また、筋を追い過ぎて、肝心の台詞が曖昧になって、劇のテーマが通らず見ている側に伝わらないものになっている場合もあります。この最終チェックが劇の完成度を高めます。この段階で出てきた問題を子どもたちと考えあって変更していきます。子どもたちがさらに劇づくりをよいものにしようと真剣になる段階です。

　斎藤孝は

> "練る"とは糸・布・金属・土などを柔らかにし、あるいは粘り強さを与えるために、強い力を加えて鍛えること。何らかの加工を加えて、柔らかく粘り強くすることをいう。捏ねることもしなくなった。もち、だんごを作らなくなったし、明治生まれの私の母の代まではかまぼこやうどん、こんにゃくなど作っていた。腰から力を入れて練ってそれから捏ねて作っていた。今はほとんどが機械で作られ店頭に並び、買ってたべるのみ。調理すらしなくて食べられる時代になって、身体感覚が失われていることに気づく。……練ることは、単に言われたことを繰り返すばかりではなく、工夫を加え吟味を加え、繰り返しの中で身体感覚を研ぎ澄ましていくことをいう。根気のいる息の長い身体の文化である。
>
> 　　　　　　　（『身体感覚を取り戻す』斎藤孝　NHKブックス　2000）

と練り上げることについて書いています。

　まさに、この劇づくり文化をからだと表現とを一致させて、本番前3日程度かけて練って、さらに創り上げていくということです。子どもたちの集中力や思考力や表現力はさらに質の高い身体的思考として伸びていきます。この練り上げはおとながするのではなく、子どもたちが自分たちの問題として、よりよく伝わる劇にしようと観客を意識して演じる工夫をし、吟味するようになります。そして子どもたちは自主練習をはじめます。不安が残る場合は子ども同士で援助し合います。これまでも家で練習をしたり、友だちと電話で台詞を言い合ったりした子どもなど、子どもたち自身が主体的に取り組みます。

　この練り上げができると、本番当日には、子どもたちは安心して、自信を持って役になりきり、役を生きることができます。

　雰囲気に合わせたおとなのピアノ伴奏も精選し、ナレーションも内容を深め観客にわかるようにそして、最小限に減らします。子どもたちによる擬音なども加えて総合的な劇の仕上がりです。

　この仕上げ期で、今述べた内容を深め、再度身ぶり表現、台詞、道具、筋、出入、歌、ナレーション、位置、方向などすべて慣れて演じられるようにするのが練り上げ期です。

(11) 当日も保育

　生活発表会の当日は、からだと心を一体化させ劇を安心して演じられるように、劇の中でのあらゆる感覚を総動員して、皆で力を合わせ助け合うように声を掛け合います。あらかじめ観客を前にしての舞台の雰囲気は伝えておくことが重要ですが、子どもは雰囲気により、表現を委縮させたり、気持ちが雰囲気にのみ込まれたりします。これを想定すると、劇のはじまりはみんなで登場する簡単な身ぶり表現で情景を表すような場面を作っておくと、会場全体をからだで感じることができ、会場の雰囲気に左右されず、創ってきた劇の創造場面に向き合うことができます。方法は他にもあるでしょうが、子どもたちが創ってきた劇が充分に集

団で発揮できるように、劇に集中し、観客が内容に引き込まれていき、子どもと観客とが一体となって劇空間を創り、その完成を喜び合うことができるように保育をします。日常の保育とは違う祝祭日として、個々と集団が飛躍的に発達を遂げる日となるように、おとなは当日も平常の保育の延長上でナレーション役として保育をしましょう。

　劇の終わった当日や事後こそ話し合って、自分やクラスが頑張ってきたことや変化・成長した点を確認し合いましょう。

(12)　劇は保護者と共に創る

　日ごろの子どもの様子をおたより、懇談会や掲示物で記録（ドキュメンテーション）した書きもの、録音・録画したものを展示しましょう。劇づくりの中で生まれた子どもたちの発見や創造のドラマも知らせましょう。これにより、保護者の劇の内容理解や期待が高まると同時に、家庭でも子どもとの共通世界でさらに劇を深化させることができます。イメージの共有を親子でもしていくことができます。

　「家族の前で役になって見せてくれます」
　「一人でぶつぶつ言っています」
　「あかざばんばになっているので、髪をふたつに括っていたものを、劇が終わるまでずっと１つむすびにしていました」
　「電話で相手と台詞を言い合っています」
　など、子どもの努力や変化、成長の喜びを日々保護者と保育者とで、共有し、劇づくりに活かして行きましょう。

　劇の絵本貸し出しなどもし、進行状況や個別な変化を〝おたより〞などで伝える。参観日に劇づくり途中のあそびを見てもらう（保護者も一緒に演じてみる機会にしている園もある）などして、当日は保護者が劇をからだで感じる観客となって、応援してもらえるようにしましょう。

(13) 新たな創造

　子どもたちの創りだした劇は、生活発表会が終わったからと言ってすぐに消えるものではありません。楽しかった劇を次の日もしたくなるものです。劇ごっこあそびがはじまります。子どもたちが主体的に進めた劇であればあるほど、「はじめに」にも書きましたように、劇ごっこは楽しく展開します。『ウエン王子とトラ』（前出）をはじめ、今回あげた劇づくりの実践を記載したクラスは、どの子どもたちも事後も延々とごっこあそびを続けました。子どもたちだけで進めていきます。もう知っている共有の世界ですから、劇の模倣再現あそびなのです。5歳児の劇は4歳児に伝わり、5歳児の使っていた道具や身に着けていたスカートやマントなどを使って、5歳児そっくりに表現します。

　劇はこのように伝わりやすく、全園をまきこんでの祝祭を創り出し、園の文化となって小さい組に引き継がれていきます。

　また、自分たちの劇を描き絵本にします。新たな創造で、世界に一冊・限定一部のオリジナル絵本ができ上がります。子どもたちがイメージを共有して劇に創り上げたのですが、個人でイメージしている内容はまた異なっています。子どもたちが個別に感じていた劇の内容が表現されます。個人の独自性がある新たな形のあるものの創造の喜びを味わうことができます。手指の巧緻性、獲得してきた絵画の材料や画材の使い方、表現の技術、感覚を駆使して創り楽しむことができます。劇を通して生まれたみんなの最後までがんばろうとする力が、数ページの連続する場面を描きあげられる時に発揮されます。

　劇を絵本にすることにより、絵画の表現方法を通して受け止めたことや、想像し考えたことを形として生涯自分の本棚に残すことができます。絵本、文学から劇の文化を創り出した喜びや大切さは、大きくなった本人への、本人と保育者からのメッセージ絵本となります。

(14) 生活発表会を終えて

　劇の取り組みを終えて子どもとクラス、おとなの課題はどのように変化したかを楽しく振り返りをします。個人とクラス集団、そして、おとな自身の乗り越えてきた課題と今後の課題を明らかにすることが劇のまとめとして重要です。これをもとにさらに残された保育年限への目標が明らかになります。また、来年度の劇づくりの可能性も拡大します。

(15) 劇は生活の中へフィードバックしているか

　劇が終わったあと「へえよごす」が口癖になった『へえ六がんばる』（前出）を劇にしたクラス。『ぶな森のなかまたち』（今村葦子作　遠藤てるよ絵　童心社　1995）の「きっきみたいになろう」と劇のあと互いに励まし合ったりします。劇が終って心の中にカブラは生きていると話しあったクラスでは、優しくないことをした友だちを見て「カブラ消えたのかなあ」と心配する場面に多く出会います。個々のことばによる表現が積極的になったなど、表現面や認識面、集団での変化を共有している子どもたちに成長しています。
「どうして小さい組が毎日ぼくらの劇を見にきていたのかな」
「お母さんの感想文にこんなこと（ほめられた部分）が書いてあったけれど、どうしてかな」
　など、5歳児は自分たちの劇の振り返りをし、話し合いをしながら考え、劇の意味の再確認を子どもたちの力ですることができます。
　5歳児の劇づくりは集団としての達成感、充実感を味わいながら獲得した思考力や言語を卒園に向けての生活にフィードバックさせていきます。

(16) 保育者としてのまとめをする

（1）一人一人の子どものこと
- 子どもの育ちで確かめたいこと
- 子どもの育ちでさらに飛躍させたいこと

（2）子ども集団の育ちと課題
- 人間関係の成長
- 集団として乗り越える課題

（3）保育指導の成長と課題
- 子ども理解がどこまで深まったか —— 個人の視点と集団の視点
- 保育課題が適切に設定できたか
- 指導の展開が子どもの変化を呼び起こしたか
- 子どもの変化をどのように評価したか

（杉山隆一　2010）

　この保育としての・個と集団の振り返りと、・劇の内容を深める観点とを、横断的にとらえて総合的にまとめます。

4章

身ぶり表現から劇づくりの実際

4章　身ぶり表現から劇づくりの実際

1. 劇で演じる子どもたち

　身ぶり表現をしながら劇づくりをすると、4・5歳児の12月を過ぎるとあそびを通り越して、おはなしをからだで演じるようになります。竹内は、

> 　演技とは、身体全体が躍動することであり、意識が命令するのではなく、からだがおのずから発動し、みずからを越えて行動すること。また、言葉とは、意識がのどに命じて発せしめる音のことではなく、からだが、むしろことばがみずから語り出すのだ。
> 　　　　　　（『ことばが劈かれるとき』竹内敏晴　ちくま文庫　1988　p.118）

と書いています。
　この演技の基本は、身ぶり表現から劇に創っていく子どもに見られます。身ぶり表現することはからだが躍動することであり、からだが模倣し、表現がからだを超えていくのです。そして、台詞を覚えるのではなく、ことばは、身ぶり表現しながらほとばしって出てくるのです。
　観客を前にして、しっかりと自分たちが創りだしてきた劇を演じていく5歳児

の姿を見ると、ゆるぎなくからだとことばで表現して、劇の世界に生きています。
　生活発表会でごっこあそびや劇づくりに取り組んだ子どもたちと保育者の実践記録から、劇づくりにより変わっていく子どもやおとなの姿を見つけていきたいと思います。

２．劇づくりの入り口　『おむすびころりん』

　幼稚園４歳児クラスでの『おむすびころりん』（よだじゅんいち作　わたなべさぶろう絵　偕成社　1967）の劇づくりの入り口の保育です。担任がおじいさんおばあさんたちはどんな仕事をしていたのか聞くと、
　　子どもたちは
　　「たねまいて　おこめつくる」
　　「土の中にトントンしたらできる」
　　種は
　　「お山からとってくる」
　　「お豆腐とかつくれる」
　　「お野菜やお米やおもち米や人参とかもつくる」
　　「大根つくる」
など、話していると、一人の子が種を植える身ぶり表現を床に座ってはじめました。椅子に座って見ている子どもが
　　「あっ座ったら泥んこになるよ」
といい、立って植えはじめました。はじめると
　　「種、踏んだらあかんよ」
と言われ、後ろに進み、それぞれが気をつけながら種まきをはじめました。若い先生のクラスで、子どもたちの方が積極的に先生のことばに対応している生き生きとしたクラスの保育です。
　『おむすびころりん』のはじまりは、子どもたちの生活やあそびが起点になっています。おじいさんの生活を、「種まいている」と想像しています。

これは、自分たちが、春にアサガオの種をまいたことから、「おじいさんがお山へ行った」は、秋の山登りでどんぐり拾いをしたことから、「おもちつき」は園でもちつき大会をしたことからなど、それぞれの経験や記憶を蘇らせています。種をまく時に座ったら汚れるということは、砂場あそびや泥んこあそびから経験済みで、みんなが共通にわかるようです。

　子どもは知っている自分の経験と自分の生活との共通性から想像を広げていきます。

　身ぶり表現でおじいさんになってみることで、
・立って種を踏まないようにすること
・種は横や後ろへ移動しながらまかないと踏んでしまう。とんとんと軽く抑えていくとよい

など、このクラスのおじいさんの畑での種うえや仕事のイメージの共有をしたようです。

　現在の子どもたちのおじいさんおばあさんは40、50歳代です。子どもたちの住んでいるところは街中で、お米はどのようにして作られるのかは知らない子どもたちでしたが、この身ぶり表現により、このおはなしが好きになり劇の題材にしたようです。

　生活発表会当日の子どもたちは、おじいさんが包みから出したおむすびを転がすと、それをもったおむすび役の子どもが、ころころ穴の暗い道を落ちていく身ぶり表現をしていて、楽しい場面となっていました。このおはなしで一番楽しいところとなりました。おむすびを落とすなどあってはならないことだと思っている子どもたちであるだけに、おじいさんが落としてしまったことが、はっと子どもの気持をひきつけるのでしょう。それがきっかけで穴の下から歌が聞こえてくる、聞いたことがない歌が聞こえてくるのだからますますおもしろい、ましてやおじいさんが穴に吸い込まれていく……おもしろくて仕方がない子どもの気持ちがよくわかりました。

　けれどもおはなしを劇にする際には、おもしろいところを楽しんだだけでは劇にはなりません。おじいさんはどうしておむすびを持って山へ行ったのかな。ど

うしてたきぎとりをしていたのかな、おじいさんやねずみにとっておむすびはどんなに大切なものであったのかな、など話し合っていくと、劇づくりは変化します。子ども同士で考えあったことに共感できるからです。

山の民であった貧しいおじいさんが、おばあさんと山に行って、仲よく働いていたことから、ねずみとの出会いや、宝をもらえて幸せになったこともおとなのねらい通りに、子どもたちはからだで共感していきました。

劇づくりの入口は、子どもたちの知っていることをよりどころとしながら、おはなしの興味を広げます。テーマにつながる視点を子どもたちと身ぶりと話し合いで展開することで、クラス集団がみんなで劇づくりを進めていく方向で想像しはじめます。

次に、1歳児から5歳児までのごっこあそびや劇づくりの実践を紹介します。年令の特徴や劇づくりをする子どもやおとなたちの楽しさや変化がみえてくると思います。

3．1歳児のごっこあそび
『さつまのおいも』の実践（古橋範子）

10名の1歳児クラスの実践です。（新入児が6名。月齢は10、11月生まれ6名、3月生まれ4名。担任は2名）

🌷つもりあそびをおとなと楽しく

4月はまだ歩かない子どもが3名いる状況でのスタートでした。4月からの前半の保育はからだを動かしながら、友だちや保育士とのまねっこをたっぷりあそんできました。まねっこをしながら"つもり"の世界も少しずつ楽しんでいました。"いないいないばあ"のあそびから少し発展した"かくれんぼあそび"では、「あれ？ 〇〇ちゃんいないよ」と保育士が言うと、一人、また一人とまねっこして顔をかくしたり、かくれているつもりになったりしてしばらくすると誰からともなく「ばあ～」と顔を見せて大喜びです。

散歩先で、一人が縁石の上を歩きだすと、みんなが続いていました。部屋で、

大型積み木の上を歩きだした子がいたので、散歩で縁石の上を歩いた時に歌った歌を歌うとまわりにいた子どもたちが積み木をどんどんつなげ、その上を歩きはじめました。運動会ではそんな姿を見てもらいました。

🌷土だらけのいもはいや

10月の末、保育所のさつまいも畑で、幼児クラスがいもほりをするのを見学しました。おいもを見つけて大喜びするお兄ちゃんお姉ちゃんの姿をよく見ていたので、いちご組（1歳児）の子どもたちにも経験させたくて、次の日、畑においもをうめなおしていちご組だけでいもほりをしてみました。ところが、おいもを見つけて喜んだのは2〜3人だけで、他の子どもたちはおいもを見ても手を出そうとせず、持たせてみてもじっと見つめているだけであったり、いやがって放り出したりする子もいました。それまでにおやつのふかしいもや、味噌汁の具などでさつまいもは何度も口にしている子どもたちでしたが、目の前の土だらけの物体とは到底重ならなかったのでしょう。

🌷繰り返しおいもほりあそび

11月には、"焼いもパーティー"が園行事としてあるので、それまでにもう少しおいもに興味が持てるようになって行事に参加できると楽しいだろうと思い、保育を考えました。

いもほりはしばらく繰り返し経験しました。見ているだけであった子ども、見ることもせずに畑を散策していた子どもも、次第におあいもを見つけて喜ぶ友だちの姿を意識しはじめ、いもほりに興味を示すようになっていきました。

子どもたちが丸めた紙を画用紙で包み、おいもを製作したりもしました。段ボールで作った畑にそのおいもを入れ、いもほりの再現あそびも楽しみました。

🌷おいものおはなし

『さつまのおいも』（中川ひろたか作　村上康成絵　童心社　1995）の絵本は少し難しいかなと思いながらも読んだのですが、子どもたちはとても集中して見ていま

した。前半の場面で次々と展開されるおいもの生活が、自分たちの生活体験と重なるのでよくわかり、楽しかったようです。おいもが体操やマラソンをする場面では運動会で経験した体操やかけっこ重なったようで、

「(ヨーイ) ドン！」

と、みんなで掛け声をかけたり

「イチ・ニ！　イチ・ニ！」

と、走る身ぶり表現をしあい、ニコニコと顔を見合わせたりしながら楽しんで見ていました。

そうしてすっかりおいも好きになって焼いもパーティーを迎えることができました。焼いもの味を知った子どもたちは、さらにおいも好きになり、「おいも読んで！」と『さつまのおいも』の絵本を毎日催促したり、焼いもの再現あそびも繰り返し楽しんだりしました。

🌷おいもをつくってごっこあそび

また、自分たちが作ったさつまいもを『さつまのおいも』のおいもさんに見立て、お風呂に入れたり、一緒に寝たり、人形ごっこのようにしてあそんだりもしました。そんなふうにして、その後もずっとあきずにおいもごっこを楽しんで続けていたので、2月の子ども劇場（生活発表会）の取り組みへとつなげていくことにしました。

低月齢の子どもたちばかりのクラスで、自分がおいもになるということは難しかったので（試みてみたのですが……）やはり、生活再現を中心にあそんでいくことにしました。いもほりに行き、焼いもをするという自分たちが共通体験してきたことをごっこあそびにしました。けれども、全く再現あそびだけでなく、絵本のイメージを取り入れることも子どもたちは楽しんでいました。

実体験したいもほりは、つるはなく、土を掘っておいもを見つけるいもほりでした。でも『さつまのおいも』の絵本を見ている時に、つるをひっぱる場面で、子どもたちも絵本の中の子どもたちのまねをして、「うんとこしょ、どっこいしょ」とひっぱる身ぶりをしたのです。そこで、製作したおいもにつるをつくってつけ

てみました。保育士がおいもがついた方のつるをもち、子どもたちは先を「うんとこしょ、どっこいしょ」とひっぱり合いを楽しむことができました。ところが、次々と子どもたちが1本のつるに集まってきて、みんなでひっぱりはじめると、あっちへこっちへそれぞれがいろんな方向にひっぱるので、こける子、怒る子が続出し、楽しくなくなってしまいました。つるを何本かつけてみましたが同じでした。

🌷10人でひっぱるおおきなおいも

10人で一人一人が自分のひっぱりたいように思いきりひっぱるには……と悩みました。無対象で（つるがなくても）つるをひっぱることをイメージできればと思いましたが、低月齢の子どもたちに、はたしてイメージできるのかと疑問もありました。でもやってみようと思い、いつものようにおいもを入れたいも畑（製作物）の前で子どもたちに「うんとこしょしようか」「つる持ったかな？」と声をかけてみました。そうしたら子どもたちは、一人、また一人とつるを持つ身ぶり表現をして、「うんとこしょ、どっこいしょ」と声をかけると、一人一人が一生懸命つるをひっぱりはじめた（つもり）のです。「すごい！ すごい！○○ちゃんすごい力やね」と一人一人に声をかけるとまた一段とはりきって〝ひっぱっているつもり〟を楽しんでいました。イメージの世界であそぶことで、一人一人が自分の〝つもり〟を楽しむことができたのです。それまでに、生活の中で〝ひっぱる〟という経験をしたことや、絵本の絵、製作のつるをひっぱったという経験が見えないつるをイメージする力につながっているのだと思います。

🌷ひっぱってしりもちついた

そうやって、つるをひっぱることを楽しんでいたある日、ひとりの子どもがしりもちをつきました。たまたまこけてしまったのか、わざとなのかわかりませんが、『さつまのおいも』を読んだ時においもが抜けた場面でしりもちをついている子どもの絵があり、その場面を読むとかならずその絵をさして「こけてる！」とみんなが言うようになっていたので、私にはしりもちをついた子どもの姿と、

絵本のその場面が重なりました。「○○ちゃんこけちゃったね」と声をかけると、友だちの姿に気づいてまわりの子どもたちも、一人、また一人とこけていき、楽しいあそびの場面が生まれました。たまたまかもしれない状況でしたが、みんなが絵本の一場面と重ね、イメージを共有することができたので、クラスみんなで楽しむことができたのでしょう。

　子ども劇場（生活発表会）の当日も大勢のお客さんの前で、全員見事にこけることも楽しんでいました。しりもちをついたあと、「おいもさん出てこないな。寝てるのかなあ」といも畑を手で探り、「あったー！」と子どもたちは見つけたおいもを誇らしげに見せていました。

🌷アチチ、おいも

　11月の焼いもパーティーのあと、12月にはもちつき、1月には大根汁パーティーと炎を見る経験が続きました。炎の熱さも実際に感じながら「アチチやね」と声をかけてきました。大根汁パーティーの時には、「アチチ！」と子どもたちから炎を指さして教えてくれました。大根汁が炊きあがるのを待つ間、かまどの見えるテラスで「アチチ描こうか」と模造紙に朱色の絵具でなぐり描きをしました。Aちゃんは自分が描いた炎に手をかざし、「アチッ！」と言っていました。自分の描いた絵から実体験した炎の熱さをイメージしているのです。

　みんなで描いた炎の絵を使ってたき火を製作し、焼いもごっこに使いました。「アチチッ！」「アチーッ！」とかわるがわる手をかざしては熱いつもりを楽しんでいました。

🌷けむりと子どもの追いかけっこ

　1月にいちご組だけの焼いもパーティーも経験しました。その時には、たっぷり煙の経験ができました。逃げてもまた風向きが変わり煙にまかれたり、空高く昇っていく煙をゆっくり眺めたりすることもできました。

　さっそくごっこあそびに煙を登場させました。白いビニールをたき火の中から「モクモクモク〜」とひっぱりだすと、「キャーッ」と逃げる子どもたち、実体験

を思い出して「お目々痛い」と言う子もいました。「待て待てー」と煙と子どもたちの追いかけっこあそびになり、大喜びでした。「モクモクお空に行っちゃったよ」と言うと、実際に空に昇る煙を見た時のように天井を見上げたり、指したりしていました。

1歳児は、あそびはじめるまでにも、未経験のものに対して、汚いとか怖い気持ちでなかなか向かっていきません。しかし、興味と好奇心で、近づき、わかってしまうと、からだを使った身ぶり表現で簡単なあそびを見つけだします。このあそびの再現で、繰り返しの楽しさやものとのかかわりで、自分たちの世界を創りだしています。

つるに見たてたひもを、10人で実際にひっぱることはできなかったが、ひっぱっているつもりになると、みんなで、一緒にひっぱることができた場面が重要です。ひっぱっているつもりの身ぶり表現をすることにより、実物のつるから子どもたちは解放されひっぱることが表現できました。ひっぱるという意味を理解したことになります。同じく"熱い"の意味がわかると、炎も大根汁も焼きいもも描いた絵の炎さえも熱いという認識が広がる様子をよくとらえています。このようにおとなの子どもを見る視点と、子どもの想像の入口を丁寧に拡げることが1歳児のごっこあそびでは大切です。その時、見たてるものも現実に近い形、色、質感、動きなど、子どもの今触れたい、あそびたい気持ちにそうものを準備することが大事です。

生活再現から、絵本のイメージにつなげたり、ものを媒介に共通体験から楽しいあそびが生まれ、クラスみんなでイメージを共有し、たっぷり共感し合ったあ

そびがこのおいもごっこの楽しさです。

4．2歳児のごっこあそびの実践（古橋範子）

　16名の2歳児クラスの実践です。（新入児は2名。月齢は、4月～9月生まれが9名、11月～3月生まれが7名。担任は2名）
　春は〝だんごむし〟でよくあそびました。（1章2参照）

🌷ばったになってつかまえっこ
　夏から秋にかけてはバッタでよくあそびました。はじめてバッタとりに行った時は、あまりに素早く逃げるバッタを見ることができても、追いかけることはできず、月齢の高い子どももおとなが懸命にバッタを追う姿を呆然として見ていました。
　園に帰ってきてすぐにばったとりの再現あそびをしました。おとなが
「ばったはどこかなー、ばったはいないかなー」
と探すふりをすると子どもたちは、一人、また一人ばったになってとびはじめました。
「ばった見つけたー、待て待てー」
とおとなが追いかけると大喜びで走って逃げたり、自分からつかまえられにきて、「捕まえたー」と抱きしめるとこれも大喜びで
「もっかいしてー」
と、またばったになってとびはじめたりしていました。

🌷どうして草いれるの
　大きなショウリョウバッタをつかまえてきたので保育室で飼育をしました。毎日保育士が飼育ケースの糞の掃除や、草を替える時に子どもたちがのぞきにきて、
「何で草入れるの？」
と、きいたりしながら、バッタが草を食べたり糞をするということを知り、飼

4章　身ぶり表現から劇づくりの実際　169

育ケースの中のバッタの様子をよく観察するようになりました。飼育ケースに糞がついているのを見ては
「ウンチやー」
と、友だち同士で笑いあったり、
「バッタさん　草食べてる！」
と、発見したりしていました。食べることや排泄することは、自分たちの生活と重なりよくわかるので、興味が持ちやすかったのでしょう。

　ある日、その大きなショウリョウバッタを飼育ケースから出してみました。自然環境の中では素早いバッタの動きについていけなかった子どもたちも、保育室では大きな羽を広げた見事なジャンプを繰り返し見ることができ、みんなで同じ体験をすることができました。

❀ばったになる

おとなが
「みんなもばったになってみようか」と声をかけると、子どもたちはすぐに羽（手）を広げて今見た大ジャンプを再現していました。
「Ａちゃんのばったさんのジャンプすごいね」
「Ｉちゃんのばったさんもとんだとんだ！」
と一人一人に声をかけました。
　床でとぶだけでなく、牛乳パックに子どもたちが色を塗った紙を貼って草をつくり、それを飛び越えてあそんだり、作った草から草へとびっこをしたりもしてあそびました。また、低い積み木や少し高い積み木の草もつくり、そこからジャンプもしてあそびました。毎日毎日ばったになり、いろんなジャンプをして楽しみました。

❀せんせい　おはなしのししじゅうからになる

　春によく見た『ころちゃんはだんごむし』（前出）のシリーズの『ばったのぴょんこちゃん』（高家康成　仲川道子作　童心社　2000）という絵本にもすぐに興味を

もちました。このおはなしでは、ぴょんこちゃんたちは、しじゅうから（野鳥）に襲われます。その場面になると「キャッ！」と床に伏せたりして、わくわくドキドキしながら絵本を楽しんでいました。

　ある日、一人の子どもが
「先生、しじゅうからになって」
と言うのです。さっそく保育士が翼（手）を広げてしじゅうからになり
「ばったはどこかなー」
と探すと、そばにいた子どもたちが慌てて床に身を伏せていました。
「おいしそうなばったがいたと思ったけど見えないなあ……残念」
と廊下へ出て行くと、
「やったー！」
と大喜びの子どもたち。
「上手にかくれていたね」
と認めると、
「もう一回してー！」
の催促。単純なごっこあそびですが、これも毎日毎日催促があり、繰り返し楽しみました。運動会ではこのばったのぴょんこちゃんごっこで、飛んだり跳ねたり、しじゅうからから上手く身を守ったりして、ばったになって体をいっぱい使って表現し、ぴょんこちゃんのように〝大きくなった自分〟を感じながらあそびました。

🌷しじゅうからがこわいT君

　Tくんは、ばったになって跳ぶことは大好きでしたが、しじゅうからが出てきたとたん怖くてごっこあそびから抜け、離れたところでみんなのあそびを見ていました。春のだんごむしごっこの時もそうでした。サブのおとなが誘っても怖くてあそびに入ることができませんでした。他の子どもたちは毎日、おとなのしじゅうからとの対立のごっこあそびを繰り返し、そのうち、子ども同士でしじゅうからとばったになってあそぶようになっていきました。

ある日の夕方、自由あそびの時間に、子ども同士5〜6人でぴょんこちゃんごっこがはじまりました。
「ぴーぴーぴー！」
と、しじゅうから役の子どもたちがおとなに近づいてきたので、そばでその子たちのごっこあそびを見ていたT君に
「しじゅうからがきたよ。一緒にかくれよ」
誘いかけてみると、おとなの誘いかけに応じてはじめてT君が一緒にかくれました。その日は繰り返しおとなと一緒にばったになってかくれてあそびました。
次の日のぴょんこちゃんごっこの時には、リーダーのおとなのしじゅうからに対し、T君も、サブのおとなや友だちみんなとばったになってかくれていました。しじゅうからが去ると
「やったー！」
という子どもたちの声。保育室に戻るとT君も友だちと一緒に飛び跳ねて喜んでいました。そしてリーダー保育士の顔を見て
「T君かくれた！」
とうれしさ一杯に報告してきました。少しずつ少しずつうそっこの怖さを楽しめるようになっていったT君でした。
しじゅうからとばったの対立のごっこあそびを繰り返すうち、怖いけれど楽しいというわくわく感が薄れていった子どももいました。K君とFちゃんはばったになってみんなとかくれている時に、平気で顔をあげるようになってきました。どうやってK君とFちゃんのわくわく感を取り戻していったらいいのだろうと悩みました。保育士が大げさに演技をしてもっと怖さを出した方がいいのだろうか……。でも、せっかくうそっこの怖さを楽しめるようになってきたT君の怖さが増し、またうそっこの世界を楽しめなくなるのではないかと考えた時に、ふと気づいたのです。今、頭を上げているK君とFちゃんも〝現実の世界〟に戻ってしまっているのだろう……。本当に怖がらせるのではなく、うそっこの怖さを楽しめるようになってほしいと思いました。そこで、K君とFちゃんがイメージしにくくなっているしじゅうからについてみんなで考えてみました。

保「ねえ、みんな、しじゅうからがきてる時にお顔出したらどう？」

子「あかん！」「食べられる！」

保「そうやんねえ。しじゅうからって、こんなとんがったくちばしで（手でくちばしをつくって）ツンツンてつっついて、ばったのお腹はおいしいなあ、ばったの足もおいしいなあって食べるんだって。K君Fちゃんどう？」

KF「いや…」

保「いややねえ。怖いねえ。じゃあしじゅうからがきた時はどうしたらいいんやろ？」

子「草にかくれる！」「じっとする！」「動いたらあかん！」

保「K君Fちゃんはどうする？」

　KF「草にかくれる」

　そんなやりとりをして以来、K君Fちゃんもしじゅうからがいる間は頭をあげることがなくなり、またかくれることを楽しめるようになっていきました。シジュウカラについての理解を深め、イメージしやすくなったのだなと思いました。

　運動会当日はクラスみんなが見事に草にかくれ、しじゅうからから身を守ることができました。

大きな羽で向こうの草まで跳んでいく
　　　　　　ばったのぴょんこちゃん

　運動会後もしじゅうからとの対立のあそびは続き、羽をバタバタさせてしじゅうからを驚かせて追い払うというところにまで発展しました。

　Tくんは運動会後、友だちとのごっこあそびの中で、はじめてしじゅうからになることも楽しんでいました。

　運動会のあとは、園内の畑でいもほりを体験し、その後、

自分で製作したおいもを使って、砂場で何度もいもほりを再現してあそびました。

　Iちゃんははじめてのことに対してとても警戒心が強く、いもほりの時には全く手を出さずに見ていましたが、さつまいも製作は楽しみ、いもほりごっこも保育士と一緒に少しずつ参加できるようになっていました。これまでのごっこあそびにも同じように保育士と一緒に参加してきました。

　2月の"子ども劇場（生活発表会）"に向けての取り組みを考えた時に、Iちゃんも楽しみやすいものということを一番に考え、今、楽しみはじめているいもほりごっこを活かせるおはなし『ねずみのいもほり』（前出）を題材にすることにしました。いもほりを体験する前からよく読んでいた絵本でもありました。

　絵本の中で子どもたちが一番興味を持っていたのは、ねずみたちのいもほりスコップでした。お父さんねずみに作ってもらったいもほりスコップでぴょんぴょんとびや坂すべりをする場面で、「いいなあ」というつぶやきが聞こえていました。

　さっそく、ねずみのお父さんのように、毎日毎日子どもたちの目の前で、一人に一つずつ、おとながいもほりスコップを作りました。「これ誰の？」と聞きながら自分のスコップができ上がるのを楽しみにしていました。

　全員のスコップができ上がり、"ねずみのいもほりごっこ"が始まりました。Iちゃんもうれしそうに自分のスコップを手に、ごっこあそびに参加していました。

　いもほりの再現あそびの時には製作したおいもを使っていましたが、"ねずみのいもほりごっこ"では、保育室をいも畑に見たてて無対象（いもほりをしているつもり）であそびました。

ものがないことで
　「大きいおいもとれた！」
　「ちっちゃいおいも！」
　と、子どもたちはいろんなおいもをイメージしたり、
ほりあげる時も
　「かたいー」

と、おいもがなかなかぬけないことや、友だちを手伝ってほったり、友だちと一緒においもをひっぱることなど、どんどんイメージを広げてあそぶことができました。Ｉちゃんも
「おっきいおいも！」
「いっぱいとれた！」
と、いもほりを楽しんでいました。
　子どもたちの憧れていたスコップのあそびも坂すべりやケーブルカーなど実体験できることは実体験し、再現あそびをしてイメージを共有してきました。ぴょんぴょんとびは、絵本では実際にスコップに乗ってとぶのですが、実体験できない子どもたちは、スコップを手にぴょんぴょんジャンプして楽しめるようになりました。

へびがでた　こわい

　"ねずみのいもほりごっこ"をはじめて数日たったころのことです。いもほりに出発すると子どもたちから「へびがいた！」と声が出るようになりました。『ねずみのいもほり』のシリーズの『ねずみのでんしゃ』（山下明生文　いわむらかずお絵　ひさかたチャイルド　1982）、この絵本にへびが登場するのです。"対立物"の存在が楽しみなのだなと思い、へびを登場させることにしました。"ねずみのいもほりごっこ"は、いつもあゆ組の部屋（ねずみの家）から出発し、廊下がいもほり農園までの道になり、また、あゆ組の部屋へ戻ってくると、サブのおとながいもほり農園のいのししおじさんになり（おきまりのＴシャツを着て帽子をかぶる）、いものつる（大道具）を置いて部屋をいも畑にして待っているという設定であそんでいました。子どもたちの期待のへびは、はじめ、いのししおじさんが待っていると期待して入ったいもほり農園にあらわれました。サブのおとなが、いのししおじさんではなく、へびになって（手のひらをくねらせて）待っていたのです。子どもたちはいちもくさんに廊下のつきあたりまで逃げて行きました。

子「へび！」「こわい！」

保「どうしよ」
子「もう帰る！」
　と、その日はいもほりに行かずに帰ることになりました。家（あゆ組の部屋）に帰り、待っていたお母さんねずみ（サブのおとな）に
「へびがおってん！」
「こわかったの」
　と、口々に話していました。そして次の日から「へびおるかなあ」「こわいー」と期待と怖さの入り混じった様子でいもほりに出かけるようになりました。繰り返しのあそびの中で、
「へび怖い」
「でもへび寝てるんちゃう？」
「お母さん（ねずみ）おいもとってきてっていうてたからいく」
　と、少しずつへびに向かっていくようになり、寝ているへびの横をすり抜けられるようになっていきました。へびが道をふさぐこともあり、そんな時は、そばにあった草（大道具）にかくれることも子どもたちが考え出していました。そして、へびに見つかった時にはひたすらじっとしていました。へびが「ねずみの匂いがするで」と近づいてきても、背中をつつかれても、見動きひとつせず、「これはねずみじゃなかったなあ。石だったか」とへびが去っていくのを待っていました。春のだんごむしとかまきり、秋のばったとしじゅうからの対立ごっこを通して身に付けた意志と想像力を駆使して子どもたちがあそびを展開していきました。
　T君は
「おいもほり行かない」
　と、言うことがありました。子どもたちに相談してみると、
「へび怖いの？」
　と、T君の気持ちを聞いてくれたり、
「かくれたらいいねん」
「じっとしてたら大丈夫やで」
「○○ちゃんが守ったる！」

と、声をかけていました。そんな声を聞き、T君はみんなと一緒にまたおいもほりに出発することができました。"へび"についてのことが少しでもイメージしやすいようにと思い、みんなで『ねずみのでんしゃ』に出てくるへびを作ったりもしました。T君も中に詰める紙を丸めたり、色塗りを楽しんだりしていました。そしてそのへびをサブのおとなが動かしてへびの役をすることにしました。

　劇ごっこの発表当日は、T君もIちゃんも友だちと一緒においもほりに出かけ、スコップの技を楽しみ、じっとへびから身を守り、へびの横をすり抜けていもほり農園へ行き、思い思いにいもほりを楽しみ、最後にみんなで大きなおいもを見つけてひっぱり、お母さんの待つ家へと帰りました。

　劇ごっこのあとIちゃん、T君はそれまでほとんど参加しなかったリズムに自ら参加し、楽しむ姿が見られるようになり、友だちともよくあそぶようになりました。

　劇ごっこの取り組みを通して、"自分にもできるんだ"という自信がふくらんだり、友だちとイメージを共有する楽しさ、心を通わせてあそぶ楽しさを感じたりすることができたのかなと思いました。

　"ねずみのいもほりごっこ"は劇ごっこの発表のあとも繰り返し楽しんでいましたが、そのころ、『おおかみと七ひきのこやぎ』を読みはじめました。2〜3回読んだころ、子どもたちだけでおおかみ役とこやぎ役になり、「トントン、あけておくれ、お母さんだよ」「じゃあ手を見せて」とごっこあそびをはじめていました。新たなごっこの題材を絵本から見つけ、自分たちであそびはじめている姿に驚きました。絵本という想像の世界をあそぶという力を身につけたのだなと感じました。

　現実にかえってしまう子どもたちにもどうしてかくれているのかという意味がわかると想像の世界を持続して楽しむように変わってきます。2歳児の怖さの克服は、子どもとおとなで場を変えて、役を代わり、物見たてをする過程で序々に、想像世界でできるようになります。この想像する力がついた子どもたちは、おおかみの怖さも乗り越えられるようになっています。

2歳児の劇あそびは、生活発表会当日にははじめから終わりまでするのではなく、あそんできた場面を途中からはじめる、または、最後の場面をするなど、現在あそんでいる場面を見てもらうようにしています。「2歳児は現在進行形」と呼んでいます。
- 2グループにわかれて役割の一方にはおとなが、他方は子どもたちだけで役割を取ってごっこあそびができるようになります。
- 見たて・つもりで現実と想像の世界を無意識に出入りします。この時は想像世界のイメージを共有することで、先が見通せるようになると、今している表現の意味がわかりはじめて、表現で○○になることがはっきりわかり、想像世界が成立するようになります。

5．3歳児の劇づくり『おおさむ こさむ』の実践（鳥居幸枝）
　―表現あそびを通して友だちと触れ合い、思いを出し合いながら共に育ち合う子どもたち―（第47回全国保育問題研究岐阜大会提案号　新読社　2008）

　保育所の実践です。
　男児9名、女児11名の計20名の3歳児クラスの実践です。発達障害児・要配慮児5名、担任は正規1名、児童指導員1名。
　子どもたち一人一人はいろいろなことに興味や関心を寄せながら、あそびに向かっていました。しかし、時には、ふざけ合うことで共感してしまう面があり、例えば、やってはいけないとわかりつつ、おもちゃを壊してしまったりなど、集団のエネルギーをそんなふうに変えてしまう姿が気になりました。自信がなく、自分の思いを上手く出せないことが原因ではないかと思いました。本当に楽しいとはどういうことか、友だちと気持ちをあわせて、あそびを共に楽しむ中で、みんなで考え合ったり、挑戦して乗り越えたり、達成感を得たりしながら、お互いに心もからだも、育ち合ってほしいと思いました。

🌱春からの保育は身ぶり表現で
　クラスの中には、4月当初1、2語文であった発達障害中度のA君がいました。

Ａ君は、リズムあそびは得意で大好きな友だちと一緒にからだを動かしてあそぶ姿は生き生きとしています。イメージの世界でも、あそびを楽しみ、そして、自分の感じたこと、思ったことをからだで表現したことが、いつかことばへとつながってほしいと願い保育をはじめました。
　季節を感じられる身近な題材（自然、生き物等）で、春から、表現あそびを楽しんできました。
　散歩先では、チョウチョウやテントウムシ、ダンゴムシなど、いろんな小虫に出会いました。Ａ君は中でも、テントウムシに興味をもっていました。「てんてん、てんてん」と、草原で、テントウムシを見つけると、とても、喜んでいました。そこで、Ａ君が興味をもっているテントウムシを題材にあそんでいくことにしました。テントウムシがたくさんいる原っぱに出かけては、テントウムシ採りを楽しみ、飼育箱に入れて持ち帰り、手に乗せて這わせたりしてあそびました。見たり触れたりしたことを身ぶり表現をしました。「私の見たテントウムシは、羽をこうしてたよ」「ぼくの見つけたのは、葉っぱの一番上から飛んだよ」。思ったことや感じたことを、からだで表現し、お互いの思いに共感し合っていきました。そんな中でＡ君も、友だちの姿を見て、まねっこをしながらも、実際に見たことからの身ぶり表現を楽しんでいました。
　てんとうむしになって楽しんできたものをもう少し想像世界が広がるように『てんとうむしのてんてんちゃん』（高家博成・仲川道子作　童心社　1999）の絵本を読んで、表現やごっこあそびをしました。この絵本の好きなＡ君は、絵本の中のてんとうむしを探しては、指さしをして「てんてん、てんてん」と楽しんでいました。おはなしの内容からイメージするのはまだ難しいが、友だちが楽しくからだを動かしている姿には共感することができました。そして、まねっこを楽しみながらあそびを重ねることで、少しずつおはなしの世界とつながっていきました。
　具体的に目で見てイメージがもてるように、手につけて遊べるてんとうむし人形を作って手につけてあそびました。指につけて、走ったり飛んだりすると本当にてんとうむしが飛んでいるように見えているようでよくあそびました。イメー

ジを具体化でき、深めることができたようです。このあそびは、こいのぼり、かたつむりなど、身近な題材でのあそびにつながっていきました。

運動会で『とんぼのうんどうかい』

　身近な題材であそんできた楽しさを発展できるように、運動会では、『とんぼのうんどうかい』(かこさとし作／絵　偕成社　1972)のおはなしの表現あそびに取り組みました。トンボは、散歩先の広場や園庭にも飛んでいて、その様子がよく見られたことや、このおはなしの内容が、これから運動会を楽しむ子どもたちにとっても身近で共感できたことから、楽しい取り組みとなりました。運動会後の秋の保育は、どんぐりを題材にしてあそび、劇づくりへと入っていきました。

劇づくり　題材『おおさむ　こさむ』(こいでやすこ作／絵　福音館書店 2005)

　雪坊主の出てくる寒く厳しい冬の季節を、おおばあちゃんの知恵ときっこちゃんの勇気で乗り越えていくおはなしの展開のおもしろさが、子どもたちの興味をひきました。おはなしの中でそりあそびや雪坊主ごっこをして楽しみました。また、きっこちゃんとおおばあちゃんとの関係が、自分たちの家族との関係と重ねて考えたり共感できたりするので大好きなおはなしとなりました。

『おおさむこさむ』の簡単な表現あそびから入る

　12月27日　森に雪が降る場面であそびます。
　両手をひらひらさせながら、床へと沈んでいき、クルクルと回りながら走るなど、雪をイメージしながら表現しています。
T「森の木は、雪が降ると、どうなるのかな？」
　子「雪かぶっていって、真っ白になる」
　　「だんだんと雪に埋もれていく」
　　「枝とか重くなる〜」
　と、いろいろ意見が出ます。身ぶり表現では、雪になった子どもたちが、森の木に雪を降らせて積もらせていきます。それに対して、森の木は、雪がかかって、

少し枝を揺らせる表現や、雪がだんだん積もって重くなり、枝が垂れたり、雪にずんずん埋もれる様子を、少しずつ、姿勢を低くてして積もった雪の重みで木が埋もれていくように表現しています。スキーで雪山へ行った経験のある子どもたちの表現から広がり、いろいろな身ぶり表現をしました。
T「きっこちゃんの住む森が、こんなに雪の世界になったのかな」と絵本に戻りながら、身ぶり表現を通して話し合いました。からだで表現し、また絵本に戻って話し合いを重ねながら、イメージを深めていきました。また、雪坊主になったおおさむこさむが、どれぐらい大きいのかと、雪坊主の壁面を2メートル近くの大きさに作ったり、紙粘土で、きっこや、ちい、にいの人形を作って、あそんだりと、製作の面からも、イメージを深めていきました。取り組み前半は、簡単な表現あそびから入り、半ばでは実体験や製作も入れながら、場面あそびを深め、どの子も全ての役を経験していきました。

取り組み後半

　場面あそびが一通り終わり、子どもたちと場面をつなげていきました。場面をつなげながら、再びおばあちゃんが、きっこちゃんにしてくれたことや、教えてくれたこと、きっこちゃんが、なぜマントを脱がなかったのかなどを話し合いました。

　おばあちゃんは、長生きしていてもの知りなことを、自分たちのおばあちゃんとも重ね合わせながら考えました。「掃除で窓拭きする時、新聞紙を濡らして、拭くんやでって教えてくれてん」と、年末の大掃除のことを思い出して言う子どもらのイメージなどを共有していきました。

おばあちゃんにマントをつくってもらっているきっこちゃんたち

おおさむこさむにかきごおりをごちそうになっている

雪坊主をやっつける方法もおおばあちゃんが、きっこちゃんに教えてくれたことを話し合いました。

「きっこちゃんのこと、大事やから、雪坊主に会っても、凍らないようにマントを作ってくれたねん」

「お茶も、雪坊主に会ったらあかんから、持っていかせたねん」

「外も寒いから、お茶飲んだら、体が暖かくなるし」

「きっこちゃんは、大好きなおおばあちゃんが作ってくれたから、あのマントは大事やねん。だから、絶対に、脱ぎたくなかったねん」

など、繰り返しの絵本読みや身ぶり表現から徐々に深く読み取るようになりました。おおばあちゃんときっこちゃんとの、お互いを思う気持ちや、おおばあちゃんの言うことを守ったきっこちゃんのおおばあちゃんへの信頼、きっこちゃんの、困難なことに立ち向って仲間を助けた勇気など、あそびを通して共感したようです。

自信をつけたC君

要配慮児のC君は、ことばの面での弱さがありました。語彙数も少ないため、自分の思ったことをことばで伝えることが苦手でした。C君の言いたいことをしっかりと受けとめ、わかりにくいところは、ことばにして友だちに伝えるようにしてきましたが、思いを引っ込めてしまう場面も時折ありました。しかし、この劇では、そりあそびをする場面のおおさむこさむの役を自らやりたいと立候補しました。この場面でのおおさむこさむ役は、A君が気に入ってすることになっていました。A君はやっと3語文程ですが、自分の気持ちをことばで伝えようとする姿が、生活面でもずいぶんと出てきているところでした。ことばの面で弱さをも

つ二人でしたが、C君がここで、A君をリードしながら、頑張って自信をつけていくよい機会になるかもしれないと思いました。他の子どもたちも「いいよ」ということで、二人がこの場面をすることになりました。C君は、はじめはやりたい気持ちがいっぱいで、一人でどんどんと、台詞も表現も進めていました。
T「C君、A君もおおさむこさむやで、どうしたらいいかな」と二人ですることを意識するように声をかけました。取り組む中で、二人の意識も変わり、一緒にするんだという姿へと変わってきました。A君をリードしながらも頑張ったC君はことばの面で変わりだし、あきらめず相手に伝えようとしはじめました。A君もC君の姿を見ながらも自分なりにこの役を楽しむことができました。

生活発表会当日

　発表会当日は、はりきる気持ちと、緊張が入り混じっている様子でしたが、劇がはじまると、今まで、みんなであそんできたことを本当に楽しみ、みんなで劇の中で役を表現しようという意欲が見られました。
　次の日は、自分たちのがんばりを家の人に認めてもらえたことが、とても嬉しくて、競って報告していました。発表会後は、おおばあちゃんの家や、雪坊主の氷のテーブルなどの大道具に何人かで集っては、きっこちゃんごっこを楽しんでいました。

まとめ

　身ぶり表現に取り組み、自分の思いを友だちにわかってもらえた心地よさが、気持ちもからだも開放してあそびに向かう姿へとあらわれてきました。一人一人の感じたり、思ったことが、みんなの思いになったり、自分では気づかなかったことが、友だちを通して気づいたりと、視野も広がっていきました。お互いに考え合うことで、次第にあそびが深まったり、広がったりすることが、このあそびのおもしろさであり、楽しさです。また、友だちの思いに気づくということは、友だちのいろいろな側面を見ることにもつながり、より友だちへの興味や関心が、高まったのではないかと思います。

何かに真剣に取り組むことの楽しさを、みんなが感じてきたように思います。生活面では、日々、トラブルはありますが、おもしろがってそこに乗っかるのではなく、何がどうだったのか、どうすればよかったのかなど、話し合えるようになりました。ちょっとしたトラブルなら自分たちで解決する姿もありました。

　障害があるなしに関わらず、それぞれの課題を克服するには、日々楽しいあそびの中で、友だちと触れ合い、心もからだも解放して楽しめる毎日を過ごすことが、とても大切だと実感しました。友だちと○○したいという思いが、子どもたちを日々成長させているんだなと、この一年を通して、改めて考えさせられました。これからも、子どもたちの成長を願い、表現あそびの取り組みを入れながら、楽しいあそびを子どもと創りだしていきたいと思います。

・3歳児もイメージを広げ、一緒にあそべるものを作って、ごっこあそびをしている点が興味の持続をさせています。
・大きさが想像できるように壁面製作をし、怖さを体験できるようにするなど、具体的にわかるように工夫します。
・何でも見たり探検してみたいという知的好奇心をもちながら、意欲的にしようとする一人一人の表現を認め励ましながら、誰もが参加できる劇にしています。
・見たてつもりの世界を満足いくまで繰り返し楽しみ、身ぶり表現と獲得してきたことばで、役割を演じて、人とのかかわりの大切さに気づいていくのが3歳児です。

6．4歳児の劇づくり『やまんばのにしき』の実践（山﨑由紀子）

　幼稚園の実践です。
　12月に『うしかたと山んば』（坪田譲治作　村上豊絵　ほるぷ出版　1986）であそんだ時のことです。
　うしかたになった子どもたち全員がやまんばに追われてやまんばの家の天井にかくれたところを身ぶり表現しました。

柱を登って梁にいる子どもがまだの子どもたちに

「きゃあきゃあ騒いだら見つかる」

「やまんばの声がする」

「走っている音がした」

「走って追いかけてきてるから音が聞こえた」

「はよ　かくれや」

みんな声を掛け合って、やまんばのきていることを想像し、そっと梁に上がる身ぶり表現を工夫していました。

それから、「ひのかみさん、ひのかみさん」と言って、火の神さんになりすましたり、酒を飲んだり、もちを食べたりします。

梁の上でかくれているつもり

この場面では、追いかけられていたうしかたが、やまんばとのやり取りを楽しみ、徐々に攻勢に転じていき最後は石のからとでやっつけてしまい、安心して鯖売りができるようになるという劇やごっこあそびで楽しんでいました。

12月14日のことです。

この『うしかたと山んば』あそびから、やまんばであそぶことが楽しくなった子どもが見つけた絵本『やまんばのにしき』（前出）で生活発表会の劇をすることになりました。

🌷 場面あそび

ねぎそべたちの暴れん坊からはじめました。

絵本を読んでいる時に子どもたちが興味をもったのは、ねぎそべとだだはちでした。ねぎそべとだだはちは、どんないたずらをしていたのか聞くと、

「お花を倒す」

「お茶碗を壊す」

「壁をつぶす」

「畑でできたものを蹴った」

などはなし、目的を持って表現すると、だんだん暴れる身ぶり表現が出はじめました。

「棒を持ってんねん」

と、棒をもって倒している子どもの身ぶり表現から、棒を新聞で作ることになりました。新聞も硬くは丸められないので、安全に、棒を使って暴れる様子を演じて楽しみはじめました。

1月20日、作った棒を、長いと思う子どもは短くしてガムテープで補強しています。振ってみて長さを調節し、短くしても手ごたえがある方がよいらしいのです。

相手を見つけて対決をはじめました。次第に二人のやり合いがうまく対応できるようになっていきます。相手の棒を払い落す。棒を相手にあてないように気をつける。などと、棒をもってからだ全体であそびながら、暴れん坊の強さのようなものを表現しています。このあそびで暴れん坊のイメージを表現していきました。

T「威張って帰るって書いてあるけどどんなことかな？」とたずねると

　C「怒って帰る」

　C「どけどけといって帰る」

　C「たたいてやるぞ」

などとはなし、このことばを言いながら身ぶり表現をしました。自分たちでも表現して後でそのおかしさに大笑いをしています。楽しい中でも次第に、

　C「あの子のねぎそべは強そう」

と、言いはじめて真剣に威張っているように、強そうに見せかける表現となっていきました。劇の進展に伴い、棒はなくても暴れん坊の表現ができるようになりました。

🌷むかしむかしについて話し合う

1月26日、むかしむかしってどんなことかと考えて、絵本の中からむかしを探

しはじめました。

　今との違いを見つけました。「着ているものが違う」「履いているものも違う」「草履はいてる」「髪の形や食べ物が違う」と見つけました。最後に見つけたのが家でした。「今の家と違う」と言うので『絵で見る日本の歴史』(西村繁男作／絵　福音館書店　1985) の中で同じ柱と屋根の家を探して、見つけました。むかしはこんな家に住んでいたことを見つけて驚きました。現代からページをめくってめくって絵の変化からむかしのおはなしであることを想像したようでした。煙出しに気づいたのもこの時でした。

❀がらが来る

　がらになって村中を暴れ回る身ぶり表現をしました。大声を出す、手で怖そうにする、飛びあがって足で大きい音を出す、見ている子どもはかくれている。がらの台詞「もち、もってこう」という叫びに、村人のつもりになった子どもたちが

　「おもち、つこう」と、言いはじめ

　「たくさんお米もってこよう」と、いうので

T「村にはお米はたくさんあったのかな」と聞いてみました。

　C「ない」と反射的に応えてきます。ダメな聞き方だったと反省しました。

　C「村って貧しいから自分の食べ物もないほどだから、もち米なんか少ししかないと思う」

と、口だけの説明が返ってきました。あったのか、なかったのかという聞き方をすると5歳児は「ない」と返事をします。聞き方を反省しました。もう一度、家の様子や着ているものを見て、たくさんのお米がありそうにないことを皆で共感し、身ぶり表現をしました。身ぶり表現では、少しのもち米をさがしてきて、大切そうにそっと両手で持っているようになりました。

　もちつきの身ぶり表現は、幼稚園でのもちつきの経験もあり、村中の人でつくことができました。

❀誰が持っていくのか

Tができたもちを持って個々に聞いていきました。

「怖いからいやです」

「食べられたらいや」

「くまがでてくるからいや」

と、手を振っていやがります。

「ねぎそべとだだはちに行かしたらいい」

と、言いはじめました。

「そうだ、そうだ」

「それはいい考えですね」

「そうしましょう」

「暴れん坊のねぎそべとだだはちに行かせましょう」

「今こそ本当の力を見せてもらいましょう」

と、徐々にことばが台詞に変化し、演じることへの意識が出はじめました。

子どもたちは相談する場面で椅子はないから石に座っていることにしよう、と場面イメージを創っていました。

❀ちょうふく山のイメージを出しあう

ちょうふく山は高くて怖いと言われています。ちょうふく山を怖がっているけどうしてかたずねてみました。

「山に黒い雲ある」

「やまんばがすんでいるから」

「食べられる」

「登られへん」

「石が落ちてくる」

「カラスがいる」

「くまやきつねがいるから怖い」

と、それぞれがちょうふく山のイメージを出しあい身ぶり表現をしました。

お母さん役のTが「あの山は怖いから行ってはいけませんよ」といって子どもたちと一緒に寝ました。

子どもたちは起きだして山へ出かけたところへ、カラスの子どもがタイミングよく飛び出し、逃げ帰りました。カラスになった子どもが、子どもをつかまえます。椅子に帰ったのにまだひっぱられて泣きだす子もいました。劇ではなく素のおにごっこにもどっています。

子どもたちで考え合って、素早く帰る表現に変わっていきました。自分たちで逃げ方と追い方を工夫し進めていったのです。

次は何になって脅かせるかをたずねると「きつね」「へび」と言い、きつね、へびになって脅かすことを楽しみ、ちょうふく山が恐れられていることを楽しみながら理解していきました。

🌷ちょうふく山に登っていく

子どもたちが登りはじめます。「山の下の方はどうかな」と聞くと

「コスモスが咲いている」

「トンボが飛んでいる」

「子どもたちがあそんでいる」などと言います。すそのは楽しい所だけれど、あかざばんば役になった子どもが

「山の奥には行ってはいけないよ」

「むかしからのいい伝えでやまんばが住んでいて怖いんだよ」

と、注意します。注意されても子どもたちがそっと山へ出かけるとカラスが飛んできてつつきにきます。カラスはやまんばの手下と言うことになり、振り返ると食べられるかと思って腰を抜かすという怖いが楽しみな劇の場面となりました。

🌷予行のあと、練り上げる子どもたち

もちつきをする場面で

「ついているところが違う」

「杵、下に置いたら砂がついてしまう」

「そんなもちだったら、やまんばがきて食い殺す」
「水つけへんかったらうすについてしまう」
「手でたいている」
「できたらお盆にのせる時、熱い熱い言うで」

など、子どもたち同士で細かいところまでイメージを共有して、最終の表現を創り上げていきました。

🌷絵を描く（本にしていく）

2月14日、「先生これから『やまんばのにしき』の劇をはじめますというのをぼくたちで言う」というのでそうすることにしました。村の母親たちが、あかざばんばに子どもたちを預けて畑仕事へいきます。子どもたちはかごめかごめをし、あかざばんばが昼寝をすると山に入っていき、カラスが出てきて「きゃー」と逃げかえるという最終場面となりました。

が、この時点で楽しい場面だけであそんで終わりになる子どもが出てきました。少しあそびがわかってきて、慣れてきたようです。"あそび"場面を楽しむだけでは、次のおはなしにつながらないと、劇づくりをする中で気づきました。

2月17日、個々が自分の出番を覚え、全体を自分たちで進めていくように自覚しはじめました。この時点で台詞ははっきりしてきて、劇の全体の流れも個々がつかみ、道具のちょうふく山を裏返して、さらに上に登ったようにしたが、裏返すタイミングも合い出しました。道具を用意するところはどこか、道具をひくのはどのタイミングかなど自分たちで言い合って、確かにできるように表現を練っていきました。

友だち同士表現をよく見合っていました。忘れている子どもたちはグループで注意し合うようになりました。全員でよい劇にしようという意欲が盛りあがっていきました。

あかざばんばが、やまんばに今日食われるか明日食われるかの場面で、やまんばの足をもんだり、水を汲んだりするのを見て、
「一人では大変やから、誰か手伝う」

「村人は怖いから駄目だ」けれど、「村にいた、さるやきじだったら手伝える」ということになり、怖いけれどあかざばんばと一緒に手伝う場面になりました。

　当日はそれぞれが、ユーモアのある場面や怖い場面、にしきをもらって嬉しい場面を演じました。最後はそれぞれがにしき（紙でつくったもの）を持って楽しくおどりました。

　村の人とやまんばとはそれからどうなったのか話し合い、村人が山へ行ったり、やまんばが村へきたりして仲よくなったと思っています。

　生活の中で「いくべいくべ」「かばんかけるべ」など言い合い、同じことを演じ合い劇にした仲間であることを楽しんでいるようでした。

　2月22日、当日個々のした劇に対して評価しあいました。友だちのことをよく見ていたり、劇のルールをよく覚えて動いていることがわかりました。

　4歳児の劇づくりは、ことばではなすことができはじめてはいますが、からだで身ぶり表現するとスリルやタイミング、怖さや、貧しさも身ぶり表現により、場の情況を理解するようになります。

- 道具を使って、対応してあそぶなど、からだを動かして演じながら場面の情況がわかると、自由なからだの動きで劇の表現が生き生きとする。
- からだを通して想像場面を自分たちで拡げる力がつくので、クラス独自の劇を創造することができる。（あかざばんばが一人でやまんばの世話をするのが大変だから、何とか助けたいとする子どもたちの思いが作り出した場面）
- みんなで身ぶり表現と話し合いをしながら時代や場所を想像し、未知の世界を拡げることができる。
- あかざばんば、やまんばとつきぬにしきにより貧しさが、変化した喜びの様子を最後のおどり（祭り場面）に表現しテーマを通している。

7．5歳児の劇づくり
『ぶな森のなかまたち』の実践（山﨑由紀子）

　幼稚園の実践です。

🌱絵本『ぶな森のなかまたち』(前出)を劇にして変わった子どもたち

　このおはなしは、からっぽの秋で食べ物がなくなったぶな森にすむりすたちの物語です。このぶな森にすむりすのキッキが、長老がためていたどんぐりを食べずに見つからないところへうめていくのです。キッキはどんぐりを口にくわえ運ぶという大切な仕事を友だちに言えず、みんなは離れていきまます。それでも一人でうめ続けます。風の中、時雨の中で続けているうちにキッキは疲れ倒れてしまいます。やっと仲間たちがキッキのしている大切な仕事に気づき、雪の降る中をみんなでうめにいくという内容です。

　このおはなしを5歳児クラスで劇にしました。はじめて本読みをした時、表紙を見て口々に

　　「ほそ！」
　　「やせてる」

　と、話すことばを聞き

　　「どうしてこのりすは、こんなにやせているのかな」

　と、疑問を投げかけることからはじめました。食べ物がなくなり、森のみんなはひもじい思いをしていた時に、長老のたくさんの木の実を見た時

　　「え！　どうして」

　と、声が出ました。からっぽの秋という状況はイメージしているようです。キッキがどんぐりを口にくわえて運びはじめると

　　「食べたいけどがまんしてる」

　と、キッキの気持ちに共感しながら聞いていました。また友だちがだんだん離れていって

　　「木の皮を食べながら泣きました」

と、読むと、その気持ちに共感するうなずきや表情があらわれました。時雨の中を行くキッキの寒そうな様子の絵もよく見ており、倒れたキッキをきつねがくわえて運ぶところでは

「えー。キッキ、死んだん？」

「かわいそう」

「死んだらあかん」

と、気をもみながら涙ながらに聞いている子どももありました。はじめに投げかけておいた問いかけは、そのままにしておきました。

劇づくりの中で自分がりすだったら、からっぽの秋で食べ物がなくなったらどうするのだろうかと、子どもたちに問いかけてみました。すると子どもたちはどんぐりを探しはじめました。どこを探しているのか聞くと

「森」

「木の下」

「土の中」

「森の中」

「太い木の中」

「草の下」

「葉っぱの下」

「落ち葉の下」

など、それぞれが経験や想像から話し、ことばにすることによって自分が探す状況を特定でき、木の葉をかき分けるなど、身ぶり表現に工夫が見られました。こんなに探しても食べ物を見つけ出すことができない、からっぽの秋の大変さを身ぶり表現と話し合いで共通理解していきました。

からっぽの秋の前の豊かな森の楽しい表現もしました。

みんなが楽しんでいる時も、長老は一人でどんぐりを集めていたことを身ぶりで表現していた時のことです。きつねがきたら長老はどうするのか聞くと「長老は食べられないようにさっと逃げる」と言いました。長老になっている子どもたちときつねにわかれて表現をしてみると、きつねの中で

豊かな森のかぜ

「だれか合図しよう」

と、言いだし、合図する子どもが決まり、長老がどんぐりを集めながら自分たちのところに近くなると

「つかまえろ！」

と叫ぶ。長老はすかさず逃げる。その役割分担とスリルがおもしろく、長老になりたい子どもが増えました。逃げる長老役になったＹさんは

「先生、こわかった！」

と、あとで話していました。長老になってきわどいところで逃げたり、きつねになった子どもたちも

「あんなにすぐにきつねにつかまえられるところまでうめに行ったのか」

と、長老は豊かに実っていた秋にでも、一人できつねに食べられそうになりながら、他のりすに見つからないようにどんぐりを集めていたこと、長老にはすばしっこい力が必要なことや、長老のしていたことの大切さなどを、自分が役になってみて、本当に怖かったという体験をしてわかったようです。

この時はまだ森全体のため、ドングリの木を育てるためにやっていたことだ、ということはわかっていないようでした。しかし、からだで表現をしてみて、子

どもたちはおはなしのテーマに少し近づいたようです。

🌷劇づくり後期でのイメージの支え合い

劇づくりも後半期になり、キッキがどんぐりをへびの谷にうめに行ったあと、倒れる表現ができる子どもは、小さい声を絞り出し

「きょうは終わりだ」

「大きくなりますように」

と、言いながら倒れていきました。しかし、この表現は難しいと思ったのか数人がしり込みをしました。この時のキッキの気持ちとともに表現する難しさを感じていたようです。話し合いで

T「どうして怖いへびの森に、キッキはどんぐりをうめに行ったのかな」と聞くと、

「誰でも見つけるところだったら食べられてしまう」

「食べられたら木の芽が出ない」

「森がなくなる」

「りすの食べ物がなくなって、りすも死ぬから」

などと、だから怖いへびの谷へうめに行ったこと話しました。

その話し合いを聞いて、しり込みをしていた子どもたちも表現に加わりはじめました。台詞や気持ちや身ぶりなどが複合して盛り上がっていく場面に入っていき、課題が複雑になると、自分はできるだろうかと不安になったようです。しかし、他の子どもたちのことばや身ぶり表現で創ってきた想像、理解を支えにして、気持ちの深まった表現もしはじめ、自信をつけていきました。

キッキの困難な仕事の意味を理解したといえます。

🌷「どうしてぼくら生まれたんやろう」

このキッキが倒れそうになるまでどんぐりをうめ続けた表現をしたあとです。

E君が「どうしてぼくら生まれたんやろ」とみんなに疑問を投げかけました。他の子どもたちは、ウッと息を飲み込む表情になりました。しかし、ぽつぽつと

キッキを見つめるきつね（左端）（みんなが心配している）

話しはじめました。
「おとなになるためと違う？」
「うんと立派なおとなになるためや」
「だーれもいなかったらいややもん」
「お父さんお母さんだけやったらさみしいもん」
「学校へ行くために生まれた」
「仕事に行くため」
「賢くなるため」
「（子どもがいなければ）おとなが死んだら誰もいなくなるから」
「地球にだーれもいなくなってしまう」
「地球に何にもおらんようになったらさみしい……」

　と、キッキがどんぐりをうめているのは、次のどんぐりを絶やさないようにするためであり、森を守るためであることを、自分の生まれてきたことと合わせて疑問に思ったようです。

　どんぐりをうめているキッキのすむからっぽのぶな森のように、自分や子どもが生まれてこなければ家族や地球はどうなるのだろう。このE君の疑問は、みん

なの今知っていることばを使いながら、地球のことまで思い及びました。このことは『ぶな森のなかまたち』のはなしにつながり、森のりすがどんぐりや木の実をからっぽの秋に埋めなければ、森にどんぐりがなくなり、りすや動物が生きていけなくなることを確かに理解し、仲間のりすがキッキのしている意味に気づいたこともわかったようです。

　木の実や森と自分とを結びつけ、自分たちや人間自体がいなくなったら大変であることを子どもたちは「さみしい」ということばで表現しながら、おはなしの理解を深めたのではないかと感じました。自分が大切なかけがえのない一人一人として生まれたことを、このおはなしを通して感じることができたと思います。

🌷文学を通してことばと心の結びつきを取り戻す

　ひとりっこのM君は、4歳で入園してきた時から、おとなのようなことばを使い、友だちを子どもっぽいと言い、あそびに加わらず、おとなを相手にしゃべり続ける子どもでした。しかし、このおはなしを身ぶり表現とことばで想像して、劇につくり上げていく過程で

　　「（今日のキッキ）おもしろかったな」

と、友だち一人一人に言ってまわり、満足そうにしていたり、道具づくりをしているグループに

　　「ぼく、協力するわ」

と、仲間に入ったり、未完成のバックの色ぬりをしている友だちの中に自ら加わっていくほどに、仲間と打ちとけ、ことばも5歳児のそれになってきました。

　そして劇の当日のことです。彼が4歳児の時は、劇の当日の劇の最中に

　　「ええとしこいて、ようやるわ」

と、大きな声で叫んだのですが、5歳の当日の劇ではどうかと思っていると、やはり同じように叫びましたが

　　「（キッキ）死ぬなよ」でした。

　それは、自分の演じたキッキ役のあとを継いで、けわしい崖に降りていき、沢でどんぐりをうめる役のK君にかけたことばでした。

K君は、身軽で転がりながらも下まで落ちないで這い上がってくるという表現ができる子どもであり、他の子どもたちは、劇の待機場所からK君の表現を期待して待っていた時です。みんなのその気持をわかりながら、K君に死なないようにと声をかけたのです。4歳児の時とは違って、劇中の危ない場面の表現をするキッキにかけた、想像世界の中でのM君のことばとなっていたのです。

　文学は問題を提起すると言われますが（『虚構としての文学』前出）、子どもたちは提起された問題に気づいたのではないかと思います。覚えたことばも、内容がわかって使えるようになるまでには、M君の場合のように特別でなくても各自が日常的にことばのセンスを磨いていきます。文学を通してことばの意味とおはなしの内容を理解しながら、友だちとの話し合いによってさらに想像世界を拡げ、認識を拡げていきます。この過程で自分のことばも試され、磨かれ、新しい内容をもつようになっていくことが文学のよさであると思います。
　さらに、M君のようにキッキ役を演じ、感情や行動がコントロールでき、その場の気持ちにあったことばや台詞が言えるようになるのも、5歳児の劇の取り組みの成果であると思います。

8．5歳児の劇づくり『ウエン王子とトラ』の実践（甲〆由利子）

　幼稚園の実践です。
　3年保育・年長のクラス。進級児18名に4月から3名の転入児を迎え、21名（男児14名・女児7名）。

🌷4月の子どもたちの姿

　進級時は、活発な子どもたちが多く、自分の思いをはっきり主張することができ、自分が何をしてあそびたいか、目的をもって活動することができる子どもたちでした。しかし口喧嘩も多く、その都度話し合いをもちました。
　からだを動かすことが好きで、特に身ぶり表現は年中の時から取り組み、大好

きな子どもたちでした。7月に中国から、S君が入園しました。日本語がわからず、子どもたちと身ぶり手ぶりでコミュニケーションをとりながら園生活を送っていました。

春から夏は身近な自然など見たことを身ぶり表現することを楽しみ、秋の運動会は『くものこどもたち』(ジョン・バーニンガム作／絵　谷川俊太郎訳　ほるぷ出版1997)の絵本で身ぶり表現をしてお家の人たちに見ていただきました。その時、演技中にはじめて会場中から拍手をもらうという経験をし、子どもたちの大きな自信になりました。

そして3学期、子どもたちは『ウエン王子とトラ』(前出)の絵本で、劇に取り組むことになりました。

この本を選んだ理由

クラスの実態から、ただ「あの子は悪い」「あの子は強い」「あの子は弱い」という単一な見方ではなく、いろいろな思いをもっているのだということに気づいてほしいと思っていました。そして、その本当の強さとは、相手の立場に立って、その人のために何ができるかを考えられること。違う価値観であっても、相手のことをわかろうと思えば、わかりあえること。許しあい、相手を信頼する気持ちをもってほしいと思いました。

後ろで見えない身ぶり表現が、見えているように表現しあう子どもたち

12月2週目から3日かけて、読みはじめました。第1日目は絵だけをじっくり見てイメージをふくらませました。2日目と3日目は字を読みました。最終日には、目にいっぱい涙をためて聞く子どもたちの姿に担任まで感動してしまいました。読み終えると、子どもたちは

「先生！　このおはなしで劇しょう！」ときらきらした目で言いました。
T「えー！　こんな難しいおはなし、劇にできる？」
　と、聞くと
「うん、できるもん！」

と、なんとも頼もしい子どもたちの返事。このおはなしは、幼児の劇にするには感情表現やテーマが難しいかもしれないと、二の足を踏んでいた担任の背中を押してくれることばでした。

早速、次の日から、トラになって表現あそびをしました。鋭い爪、うなり声の表現を楽しみました。森の木の間から人間の村を襲うトラになった時には、本当に木の間から下に見える村の様子をうかがうトラが担任にも見えるようでした。活動的な子どもたちが多いクラスなので、荒々しいトラになってうなり声を上げたり襲いかかったりする表現はとても楽しいあそびとなりました。また、城の兵隊たちが火の矢を森に放つ場面であそんだ時には、子どもたちが自分たちで考えて2人組になって矢と兵隊になりました。兵隊の役の子どもたちの前に矢の役の子どもたちが並んでいます。両手の先を合わせてやじりを表現しています。まっすぐ前に向いている矢の子どもたちがいつ飛び出すのか、そのタイミングはどうやって図るのかと見ていたら、担任の心配は見事に外されました。矢を構え、手をぱっと放した瞬間に

「ぱしっ！」とか

「行け！」

などという兵隊の声に合わせて飛んでいく矢の役の子どもたち、そして兵隊が弓を引いてのけぞる表現をすると、前を向いて矢の役をしている子どももまるで後ろへのけぞった表現がみえたかのようにそのタイミングを合わせて、ぐーんと一緒にのけぞる表現をしていました。身ぶり表現が好きな子どもたちは、相手の思いや動きに対応して自分の表現をするという、阿吽の呼吸までできるようになったのです。

劇のつくり方を知っている子どもたちの劇づくり
子どもたちの主体性・能動性

12月から場面あそびをたっぷり楽しんだ後、1月中旬から、4日かけて場面をつないでいきました。前年度からの取り組みで劇大好きになっていた子どもたちは、すっかり劇のつくり方を知っていました。場面が変わる時には

「次お城のとこやから、森の木、よけとかなあかんで」
「木、どこにおくの」
「あっちの端にしよう」
　と、場面転換も背景や大道具の置き場所も自分たちで考え、進めていきました。子どもの主体性、能動性は自然に発揮されていきました。
　ある日、なぜ王様は森に兵隊を出したのかという話し合いになりました。早速その場面であそんでみました。ウェン王子の身を心配しているお妃さまの様子に苦悩する王様をどうするかと見ていると、王様役になった子どもは
「よし、ラオラオばあさんに聞いてみよう」
といいました。（本にはありません）そして再びラオラオばあさんに聞いてみることにしました。ラオラオばあさんは
「行ってはいけません」
当然のように止めました。さて、あとどうするのかと担任自身も見守っていると、ラオラオばあさんの意見とお妃さまの気持ちの間でうろうろと迷った挙句、王様はとうとう兵を出すことに決心しました。
「はやり王子を助けに行く！」
　そして、兵隊に命令を出したのです。そこで子どもたちに聞いてみました。
T「どうしてラオラオばあさんに反対されたのに、森に行くことにしたの？」
　すると子どもたちは
「だってそれだけ心配やったから！」
「ウェン王子がトラに食べられてへんかなって心配だから」
「ウェン王子のことをかわいがっていたから」
　と、意見が出ました。王様とお妃さまがどれほどウェン王子をかわいがり心配していたか、子どもたちはこの場面であそぶことによってわかったようです。

🌱えっ！私らそんなためにころされてたん？　場面が深まる
　また、あかちゃんのトラが人間に殺される場面であそんだ時のことです。赤ちゃんトラに次々矢を射ていた猟師役の子どもに

T「どうして、トラをころすの？」

　と、聞いてみました。

「お肉食べるから」

　という意見にブーイングが続出しました。

「えー！　人間はトラの肉なんか食べへんで！　牛とか豚とかやで！」

　と、言ったのは肉屋さんの子どもでした。

赤ちゃんトラが森であそんでいる

さすがによく知っています。それでは何のためか考えていると、

「わかった！　トラの毛皮を取るためや！」

　と、フィリピンからきた子どもが気づきました。

T「猟師はトラの皮を取ってどうするの？」

　と、聞くと

「お部屋に敷くねん」

「えーっこんなにたくさんいる？（必要か？）」

「わかった、売ってお金儲けするんや！」

　と、次々に続きました。すると、さっきまで、猟師にやられて倒れてい赤ちゃんトラ役の子どもたちが、むくむくと起き上って

「えーっ！　私ら、そんなためにころされてたん？」

「めっちゃ腹立つー！」

　と、いいました。

「そらトラのおかあさん、怒るわ！」

　と、口々にトラのお母さんの気持ちに気づいた子どもたちが発言しました。その後にしたこの場面では、猟師の台詞は

「あそこにトラがいるよ。よし、あのトラの毛皮を売ってお金儲けするぞ」
に代わり、赤ちゃんを殺されたトラのお母さんの台詞は、それまでのだだ
「止めろー！」
から
「私の子どもを返せ！　人間がにくい！　人間がにくい！」
に変わっていきました。こうして場面を深めながら、つないでいきました。

🌷子どもたちだけでしたい　からだでわかるものがたりの中心部分

場面あそびがもう少しで終りそうな時のことでした。
「先生、今日は子どもたちだけでしたい！」
「先生はお客さんになって見といて」
と、言ってきました。そして、担任の椅子を運んできて、真ん中にすえると、自分たちだけで本当に一番はじめの場面から劇をはじめました。担任は、よくわかっているなと感心しながら、完全にお客さんになって見ていました。場面はどんどん進んでいきました。占い師ラオラオばあさんに
「トラの怒りを鎮めるためにウエン王子を差し出すように」
と、すすめられた王様がウエン王子を連れて森へ行き、そのあと王様とわかれ、ウエン王子が無邪気に寝ている場面になりました。トラがウエン王子を襲おうと飛びかかります。そしてウエン王子を口にくわえた途端、小さかったわが子を思い出し、目に涙を浮かべ、トラが母の心を取り戻すという場面になりました。その時ウエン王子役になって眠ったままトラの口にくわえられようとしていたR君が、むっくり起き上がり、見ていた担任にさっと駆けより
「ぼく、ここ（の場面）が一番好きや！」
と、嬉しそうに一言いうと、また何事もなかったように再び役に戻り、口にくわえられました。一番難しい心情の場面でした。この場面のお母さんの気持ちがわかるかどうかが一番心配だった担任は、このことばを聞いて
「子どもたちはすごい！」
と、思いました。子どもたちはその役になって動くこと、表現することで、普

段は決して味わえない感情を疑似体験し、こんな難しい感情まで頭ではなく、からだでわかっていくのだと実感しました。

🌷 4歳児もわかる劇

予行で見ていた4歳児が

「ぼく、見てて3回泣きそうになった」

と、終わってからクラスの担任に伝えにきたと聞きました。どの場面か聞くと赤ちゃんが殺された場面、口にくわえた場面そしてトラの母と別れて城に帰る場面でした。4歳児にもわかったのでした。ただ絵本を読むだけでは4歳児には難しい場面でも、劇として実際にその場面が

トラのお母さんを守っているウェン

繰り広げられるのを見ることによって、4歳児にもわかるものだと私も学ばされました。

🌷 誰もが主人公

本番まであと何日かになりました。そんなある日、

「先生！ K君にも（一人で言う台詞を）言わせてあげよう！」

と、子どもたちから意見が出ました。中国からきたK君は、普段の生活では日本語はだいぶわかるようになっていたものの、自分からは日本語は話さず身ぶりだけで自分の思いを友だちに伝えていました。うまく発音できないのをかくしたい気持ちが読みとれました。劇あそびは大好きで、おうちの人に中国語でこの絵本を読んでもらっていたこともあり、おはなしの内容や意味はよくわかっていましたが、相変わらずことばは話さず、ニコニコと楽しそうに参加していました。

担任は、一人で台詞を言うことは楽しいよ。この楽しさをＫ君にも味わわせてあげたいという子どもたちの気持ちがよくわかりました。そこで、どんな台詞ならＫ君にも無理なく言えるか、みんなで考えてみました。いろいろな場面を考え「〇〇〇やったら言える？」と一つずつ子どもたちはＫ君に聞きながら、考えています。それを見て

「日本語の台詞を言うのはＫ君には負担なら、台詞がなくても劇を楽しんでいる姿を大事にしていればいいかも……」

と、思っていた担任の配慮は浅薄であったと反省しました。そして台詞が決まりました。でも、Ｋ君が言う場面になると、どうしても劇の流れが止まります。

Ｋ君がみんなの顔を友だちが見て、

「〇〇〇って言うねんで」

と、小さな声で教えています。それからたどたどしい日本語でＫ君がその台詞を言うのです。そして、Ｋ君とみんなは顔を合わせて

「言えたね」

と、ばかりににっこりし合います。劇としてはそこで何秒か止まってしまいます。でも、すらすら流れる劇だからよいというような劇をつくるよりも大切なことがある、ということを子どもたちのその姿から教えられた気がします。

楽しんでできた生活発表会の劇

発表会当日、心配していた合奏も失敗なく終り、いよいよ最後のプログラムの劇になりました。子どもたちは、やる気満々の笑顔です。担任はそんな子どもたちの顔を見て

Ｔ「さぁ、次はいよいよ『ウェン王子とトラ』するよ。劇を思いっきり楽しんでおいで！！」

と、言いました。子どもたちは満面の笑みで、

「はい！」

と、いうと遊戯室の中へ実に楽しそうな顔で入って行きました。

劇がはじまりました。トラの表情は迫真の演技でした。それを見て、はじめて

子どもたちの表情を見た他のクラスのお母さんがたは、はじめは子どもたちの表現を指さして
「何！　あれ」
と、声を潜めて笑っていました。それが、だんだん静かになり集中してきました。最後には涙を浮かべながら見ている人たちもいました。
　劇を終えて保育室に帰った子どもたちに
T「劇、どうやった？」
　と、聞くと
「劇、楽しかった！！」
と、一斉に返ってきました。子どもたちは本番も快い緊張の中、役になりきって劇をする楽しさを味わえたのです。
　そうして、子どもたちは小学校へ巣立っていきました。しばらくしてから、小学校の入学式に参加しました。来賓の方々の中に幼稚園の生活発表会でも来賓としてきてくださっていた方がおられました。その方が「劇の中で、一人一人、どの子も輝いていました。いろいろな子どもたちが代わりあって主役をしていてもよくわかりました。そして主役だけではなくどの子どもも輝いていたのがとてもよかったです」と話されました。
　一般のお客様まで届く劇であったのだと思いました。

9．フィオーラのようになりたい
　　　　　『フィオーラとふこうのまじょ』の実践（甲〆由利子）

　そして、次年度も5歳児の担当となった私は、前年度の子どもたちと全く違う個性の子どもたちに戸惑いました。自分からあそび出さず、戸外のあそびに誘っても
「疲れるから」
　と、断られ
「ぼくは一日に何回、手を洗ったらいいの？」
　と、聞いてくるような子どもたちがいる、そんなクラスでした。言われたこと

はまじめに取り組むけれど、言われないとできないし、自分から動こうとしない。けんかもしないし、自己主張もしない子どもたちでした。

そんな子どもたちに、春からいろいろなリズムでからだを動かし、身ぶり表現や絵を描いたりすることで自分を表現する楽しさを伝えたいと保育をしていきました。

秋の運動会では『めっきらもっきらどおんどん』(長谷川摂子作　ふりやなな絵　福音館書店　1990)の絵本で身ぶり表現をし、たくさんのお客さんの前で発表しました。また作品展では、『じごくのそうべえ』(田島征彦作／絵　童心社　1978)のおはなしの世界を保育室いっぱいにつくり、絵本の世界であそぶことを楽しみ、作品にしました。

劇あそびの取り組み

こんな子どもたちとどんな劇あそびがいいだろうかと考えながら、いろいろ絵本を読んでいきました。その中で『フィオーラとふこうのまじょ』(たなか鮎子作　講談社　2011)を読んだ時、子どもたちはとても喜び、早速魔女ごっこがはじまりました。

「このおはなし、好き！」

「去年はウエン王子とトラの劇してたけど、これがしたい」

と、子どもたちもこの絵本で劇あそびをしたいという思いを持ちました。自分の力を信じて勇気をだし、そして自分の力で魔女に立ち向かい、幸せの星を取り戻した主人公フィオーラ。ただみんなから愛されるだけの存在から、自分の幸せは自分で守るという強い心の持ち主に変わったフィオーラ。それは何事も指示されるのを待つ傾向がまだ残っている子どもたちにとっても、一番大切なメッセージが伝わるおはなしではないかという担任の思いとぴったりとあい、このおはなしで劇あそびに取り組むことにしました。はじめはなかなか声が出せない子どもたち。なんとかからだで表現することは楽しめても、恥ずかしくて声が出せなかったのです。そんな子どもたちに

「フィオーラは、勇気を出して魔女に立ち向かって幸せの星を取り戻したよ」

と何度も話し合いました。その中で
「よし、フィオーラみたいになってみる！」
と、勇気を出し、声も大きく出せる子どもたちが次々に増えていきました。特に魔女の高笑いのシーンは子どもたちも大きな声が出しやすかったのか、どの子もお気に入りの場面になっていきました。この場面を繰り返しあそぶことで、大きな声で台詞を言うことができるようになっていきました。

🌷幼稚園中が劇ごっこ

そんな、年長組の劇の練習をいつも遊戯室に早めにきて見ていたのが3歳児クラスでした。見ているうちにすっかり覚えてしまい、子どもたちが創ったフィオーラのテーマソングを保育室で歌ったり、
「魔女ごっこしたい」
と、自分たちの担任に言いにきたそうです。
そして、
「生活発表会が終わったら、みんなでフィオーラしようね」
と、約束したそうです。生活発表会が終わると、早速3歳児や4歳児が
「魔女のマントかしてください」
「フィオーラのスカートかしてください」
と、何人もやってきました。それを聞く年長組の子どもたちは
「また、かしてくださいって言いにきたで」
と、言いながら、顔はとてもうれしそうです。自由あそびの中で年長組がフィオーラの劇ごっこをしていると、いつのまにか3歳児や4歳児が入ってきて一緒に劇あそびがはじまります。3歳児はもちろん難しい台詞は言えませんが、大きい組のお兄ちゃんやお姉ちゃんに手をつないでもらい、口パクで台詞らしきことを一緒に言い、にこにこしています。4歳児の子どもたちは、スカートをはいたり、魔女のマントを着たりしておままごとをしています。フィオーラの世界が幼稚園中のそこかしこに広がりました。

🌷フィオーラが自分たち

　また、劇あそびを通して、「フィオーラのように自分の力を信じてがんばる」「あきらめなければきっとできる！」が合言葉になった子どもたちは、竹馬や縄跳びにもどんどん挑戦していきました。高い竹馬や、いろいろな飛び方の縄跳びができるようになってきて、ドッジボールも「顔に当たっても泣かない」と、自分の足で線を引いて、コートをかきながらがんばれるようになっていきました。少しでも時間があれば「先生！　外に行ってくるわ！」と、いうようになってきたのです。そして、竹馬に乗る姿を見ていた4歳児が「大きい組さんみたいになりたい」と、竹馬や縄跳びをしたり、ドッジボールに入ってきたりしていました。

　こんなすてきな姿が幼稚園中に広がったのは、もちろん年長組が劇あそびやいろんなあそびを一生懸命し、小さい組の子どもたちが憧れる劇やあそびをしたからできるようになったことが大きいのですが、それだけではなく、各学年の担任が、「大きい組さんみたいになりたい」という子どもたちの思いをしっかり受け止めたからではないかと思います。年長組の担任一人ではこんな幼稚園中を巻き込むすてきな姿は出てきません。

　こうした職員集団の中で子どもたちは、大きくなることに憧れ、成長していくのだろうと思います。これからもそんな職員集団が続くよう、私自身もいろいろな意見に耳を傾けられる姿勢をもちながら、がんばっていこうと思います。

　この2実践は、子ども自身が楽しみ、子ども自身が問題に気づいていく過程が記録されています。おはなしを身体化させ、友だちとからだとことばで話し合いを深めることで、劇を創造しています。

　自分の問題として自分以外の人の気持ちが考えられるようになり、作品をとらえ直すことができるようになってきています。これを観て保護者も変わってきています。

　一人だけでなく、みんなが気づいた時、驚く喜びもまた文学のおもしろさであり、深く人の生き方の本質に向かうものとなっています。文学のおもしろさを知った子どもは、これからも文学の想像世界に主体的に関わっていくのではないかと期待します。

> 「こうなりたい」「こうあってはならない姿」文学が提示している問題と同じ「問い」をもち、主人公の悲しみや苦悩を他人事ではなく、自分のこととしてとらえる、自分にとってどのような意味を持っているのかを突き詰める時、読者は自己の思想を耕し、深めることができる。
> 　　　　　　　　（『詩の授業で「人間」をおしえる』西郷竹彦　明治図書　2006）

と西郷は書いています。

　5歳児の子どもたちが気づいたこと、他人ごとではなく、自分のこととして、「えっ！　私らそんなことでころされてたん？」と、思わず言う。自分のことがわかるとは、まさにこのようなことではないかと思います。

　劇は、文学の中の人物になって役を生きてみてわかる世界を、子どもたちに伝えるものだと思います。

　そして、劇づくりは子どもを変え、職員集団を変え、保護者の子どもの見方も変えていく大きな文化であることが、実践により明らかとなりました。

　加藤はこれまでの保育の流れをつくってきた実践が、意識的・組織的・計画的な働きかけの重要性が強調されはじめると、実践のはじめにもっていた「対話性」が失われてきた経過を指摘しています。（『対話的保育カリキュラム　下』加藤繁美　ひとなる書房　2008）

　えてして、保育者は目標にあてはめ、あのような子どもにしたいとして、自分が保育を進めてしまいがちです。その方が相手のことを考えずに済むのでたやすいのです。これでは子どもが楽しく主体的に自分の生活や生きていく力をつけることはできません。

　環境とかかわり、からだとことばを通して話し合いながら想像的創造的な保育をこれからも考え続けていきたいと思います。

10. 保護者の視点

（1） 劇を観た保護者の共感

　『インドガンのわたり』（前出）を2002年2月に劇にしました。筆者の幼稚園教諭生活の最後の年にした劇です。生活発表会後に保護者から感想文をもらいました。その返事に書いたものです。家で劇の練習をしたり、友だちとの練習を子どもたち自らしていたようです。身ぶり表現も子どもたちのイメージの創りあいで真に迫った表現をしていたので、保護者にも伝わったようです。劇づくりでつけた力は多様で、それらすべてを集めて、よく当日の生活発表会での劇を創り上げたと、子どもたちの力に感心するばかりです。さらなる課題を含めて、子どもたちと保護者への感謝の気持ちをこめて書きました。

・生活発表会の感想文をありがとうございました。こたつの上での練習が効果を発揮しましたね。おおかみモバイが白鳥ミュウをねらっているところは迫真の演技でした。おおかみもよほどお腹をすかせていたようですね。ドーガ（白鳥のリーダー）が助けにきた時、ドーガのからだをうまく避けて、手を伸ばし、ミュウに迫っていた表現、そして、最後の台詞を言う時に足を上げて言っていました。力強かったですね。物語の気持ちがわかっているからできたのです。この力をもとに、お友だちの気持ちがわかる人になってほしいと願っています。

・生活発表会までにかぜでお休みもあり、大変だったと思いますが、自分の台詞もはっきり言えました。自分のする道具の出し入れもしっかり忘れずしており、信頼できる子どもになったと思います。これからも思っていることをしっかりことばで表現し、今の力をうんと伸ばしてほしいと思います。

・生活発表会よくがんばりました。どこの場面でも自分のすることを率先して表

現し、しっかり役を果たしていました。ドーガの代わりがすぐできたのは、日ごろから覚えていたのですね。ストーリー（台詞・表現・ナレーション）をすべて覚えていたのでしょう。
＜好きなあそび＞（幕間でのグループ出し物）もよくみんなの世話をし、リードして演じることができました。

・お父さんに後押しをしていただいてよかったです。はじめは自信なげでしたが、それでもいやと言わす、チャンタ一家で練習して、上手く言えるようになってきました。（チャンタ家族5人で集まって練習をしていました）お友だちの力ってすごいですね。……まだ、少しのことで気にするところもありますが、劇でできるようになったことを自信にして、自分で考えるようにしていきましょう。大きくなりましたよ。

・はじめはちょっと不安そうにしていましたが、繰り返し表現していくと、だんだん迫力を出して、役になりきった表現をしていきましたね。ヒマラヤの山（劇の大道具）を裏で持ち上げたり、移動させたりしていたのも見てもらえましたか。重いです。タイミングもあります。状況を判断しながら舞台でよく責任を果たしたと思います。満足し、達成感を味わったと思います。
　（返事のお返事：ヒマラヤの山を裏で持ち上げているの、見ました。Oさんと「からだの小さい二人ががんばって持ってるね」と話していたんです。あと、大きくなったら「山﨑先生とヒマラヤにいくねん」と言っていました。とても楽しみにしているようです。その時はよろしくお願いします。）

・はじめは声が出なくて、みんなに聞こえなくて苦労しましたね、でもだんだんすることがわかってきて、羊の乳しぼりも乳茶づくりも上手になって、本当にお母さんのように優しくできましたね。チャンタのように、大切な自然やいのちを大事にする優しい人になってください。

- K君のおじいさん役、よくがんばりましたね。大雪崩の危険を知らせるのもがんばって表現していました。いつ出るか、出てどう言うか、どう表現して退場するか、自分で決めてしていかなければならないので（チャンタの家族で話し合ってしていましたが）ずいぶん力をつけたと思います。これからも本も大切に読み、いろいろの世界を吸収できる柔らかな（心）（からだ）の持ち主になってほしいと思います。

- この幼稚園の劇がお面や衣装の無い点をきちんとらえておられ、感心しました。ものに頼ってことばのみの劇ではなく、からだ、表情、ことばで総合的に心から訴えているところが墨江幼稚園の劇です。そうすることで自分の考え、思いを誰でも、どこでも伝えることができるようになる力を身につけていきます。Mちゃんも力をもっていて、先生にもいろいろ話してきますし、絵本や家で作ったものもよく、幼稚園へ持ってきましたね。これも知恵を働かせ、積極的に幼稚園教育に参加していることへの証です。友だちもできて楽しくなったことと思います。11月からでしたからね。（途中入園児で劇までに3ヶ月余り）これもMちゃんの積極性があったからでしょうね。お母さんもよく子どもさんの気持ちにそった援助をされてきましたね。これからも大きく伸ばしてほしいと思います。

- しっかり見てもらい、ほっとしていただきよかったです。おおかみをはじめから役になりきってしていました。強いところがいいのでしょう。あのおおかみは、ピアノのところから（上手）、図書棚の前から（下手）、湖の方から（客席側）と出る場所、台詞、表現が劇の中でどんどん変化し、出方も違っているのによく覚えて表現したと思います。友だちとも信頼し合い役をつくり出し、いろいろの仕事をしたり、手伝ったり、作ることもしていきます。大きくなったと思います。幼稚園での力をもとに、これからも伸びていくと思います。楽しみにしています。

- 運動会で『かみなりちびた』(松野正子文　長新太絵　理論社　2005)をしましたから、空への憧れをもっています。このおはなしでもまた、空への広がりを見つけたことでしょう。本の内容や劇は、豊かに読めば読むほど、また表現すればするほど、豊かに広がっていきます。夜が明けていく変化、美しい自然を見つけられた時の感動はどんなでしょう。これからもKちゃんが感動したことを先生に教えてください。楽しみにしています。

　子どもたちが劇で表現していた様子と保護者が手に汗を握って見てくださっていた様子もうかがえました。『スーホの白い馬』(前出)の劇を終えた後モンゴルへ行こうということになったことがありましたが、8,000メートルのヒマラヤは憧れでもあり、子どもたちの夢にもなったようです。

　保護者も子どもの劇の登場人物のように観ています。子どもたちの表現したい意図は充分伝えられているのではないかと思います。一年間を振り返りながら、劇を総合的なまとめとして観てもらいました。見た保護者間で、共感し合っている様子も伝わりました。申〆実践も示していましたが、経過を含め、劇発表会当日の観客をも変えることができるのも劇の総合的な取り組みの結果であり意義ではないかと思います。

(2)　私の幼稚園選び　吉田晴美 (1996年12月「季刊保育問題研究」16)

　保護者の幼稚園選びについて書いたものを偶然に見つけました。

　「絵本が好きな私は、書店に入り絵本を読んでいました。そこで"なきむしようちえん"と言う絵本を見つけ、子どもたちに読んでやりたいと思い手に入れました。その時、長男辰治は3歳児、長女恵美は1歳児でした。そして、その本を何度も読んでいると同時に、こんな幼稚園に通わせるのが夢だなぁ、と子どもたちを乳母車に乗せ、散歩がてら園を探しだすようになったのです。しかし、ぴったりくる園はなく、やっぱり絵本だけの世界なのかな、とあきらめかけていました。

そして、何気なく近所の人に、「どこかよい幼稚園はありませんか」とたずねてみると、「墨江幼稚園がいいよ。子どもの人数もちょうどいい。……親が子どもに手をかけてやれるなら絶対〝墨江〟に行きなさい」と自信を持って話されたのでびっくりしたのです。さっそく見学させていただくと〝なきむしようちえん〟のイメージにぴったり合ったのです。子どもに対しての語りかけ。まるで歌でも歌っているように「おーい。おへやに入りなさーい」と、このようなので子どもも言うことを聞くのだなと改めて驚き、優しく接しておられると感動しました。
　また、運動会を見に行った時は、思わず涙があふれてきました。子ども一人一人の個性が出ているし、目が光り輝き表情があるのです。それは先生が作り上げたのではなく、自然に子どもたち自ら作り出しているのです。そうして入園させました。
　ここでは、じつにうまく自然とつきあっていました。ごっこあそびも、作品をただ飾って鑑賞用としてではなく、ごっこあそびのずっと前からあそびながら作品と親しんで、そして当日売ったり買ったり、まさに生きているのです。生活発表会では、先生が一つの課題を与えてさすのではなく、あそびや絵本で印象に残ったものから劇に入って行く。どの子どものセリフも皆覚えて演じることができ、素直な表情が見ていて実におもしろいのです。
　けっして派手さはないのですが、子どもたちの視点から演じられ、一人一人が主役なのです。
　今、幼稚園という本当の教育方針が変わってきているように思うのです……。まるで小学校準備園という名前にでも変えたらよいのではないかと。
　しかし、墨江幼稚園は違いました。幼児期にしかできない〝あそび〟をという子どもにとって一番大切なことを、うまく自然と保育に取り入れ発表させています。長男も今では２年生。今でも幼稚園が大好きだと言います。そして長女も大好きです。毎日生き生きとした愛する子どもを見て親として幸せです。」
　　　　　　　　　　　（1996年　長男２年生　長女在園　1993／２）

　この投稿された文章を見つけたのは大阪市立墨江幼稚園を退職してからのこと

でした。しかし、このように幼稚園を見ていた保護者がいてくださったことに感謝し、保育を子どもと共に創り出すことは、子どもと保育者と保護者の「幸せ」につながっていることを知り、胸を熱くしました。

（3） 保護者と共に

　大阪市立幼稚園は59園ありますが、墨江幼稚園はその内の大切な園です。ところが、2013年他の18園と共に廃園・民営化の危機が迫ってきました。この時に保護者や地域の人々の反対で14園の廃園は取り消され、存続が決まりました。（5園の廃園・民営化と14園のこれからを見守らなければなりません）

　子どもの健やかな成長・発達と保護者の安定した暮らしのために幼稚園・保育園は大きな役割を果たしてきました。2015年4月の子ども・子育て新制度実施を前に保育者として、子どもたちが安心して内容の豊かな保育が受けられるように、保護者と共に保育を守り創り出していかなければなりません。

あとがき

　子どもたちの生きている世界は広く大きい世界です。それは私たちが歴史から、親たちから、先輩から受け継いできた世界です。そこに生まれた子どもは、見えるところ、聞こえることや触れることからや振動などから少しずつ取り入れ、働きかけ、人とかかわり、ものとかかわりながら世界を拡げていきます。それは人の営みへ船出する感動的なはじまりです。

　この子どもたちが周囲の環境を、動くからだを通して少しずつ広げていく様子を保育実践から見てきました。子どもが周辺の新しいものへ目を向け働きかけていくさまは、まさに主体的です。この子どもの主体性を大事にしてきました。保育者主導型で小学校の教科教育のように分かれて保育内容が指導されるようになった20世紀後半からの反省のもと、『幼稚園教育要領』や『保育所保育指針』の改訂により、子どもの自由なあそびを保障しようと、指導ではなく見守りの保育が行われるようになりました。

　変遷の中心は環境による保育です。今やこの環境をとらえて保育室の環境、園庭の環境などいろいろの工夫が見られます。新しい教材教具や建築様式なども子どもたちの保育環境を大きく変えています。絵本も豊富に整えられてきています。しかし、この環境をどのようにとらえるかを本書で新たに提案してきました。

　今このあとがきを書いている外でも、暗いしじまを裂いてセミの初鳴きが響きわたっています。太い枝では透きとおる羽のセミ、その少し上には羽が茶色にかわっているセミ、鳴くたびに細枝を震わせているセミ、飛びたつセミ、など命と夜明けの今起こっている変化を私は胸を躍らせて見ています。木の枝々には昨日生まれた、一週間前に生まれたセミたちの抜け殻が、数多く残されています。この木の下にはどれほど多くのセミたちが外の世界を夢見て暮らしているのだろう

と思うと想像の世界も広がります。

　このような目に見えて変化する環境や、長い目で見なければ変化に気づかない環境などをとらえることのふしぎさや感動を子どもとともに探索し発見し共感したいとするのが本書で書いてきた環境のとらえ方です。乳児幼児が一人で見ただけではふしぎさに気づいたことや、感動の持続、発展の機会はありません。そこでおとなのかかわり方が生まれます。発見した子どものからだや声の表現をとらえ、現実と想像の世界を追求しています。

　言語獲得期の子どもたちにあって環境の変化をとらえて、子どもの主体性に依拠しながら身ぶり表現を通してのからだ的思考から、からだやことばで対話しながら言語的思考に向かう子どもを実践的にとらえてきました。

　身ぶり表現を通して、自然や、生活や絵本のように文化や社会の変化する環境をとらえて自分を変化させていく保育が伝えられたらと思います。

　私は岡山平野南部、田んぼのあぜで、ふごに入れられて育ちました。祖父、両親、5人の兄姉たちの中で歌ったり、ピアノを弾いたりして過ごしました。

　中学2・3年を過ごした町の様子は平野で生まれ育った私には特別に見えました。小さい山に囲まれ、一部港に面した盆地の坂を上がり降りしながら、その地形により住んでいる人の暮らしやことばの違いを知りました。学生となって岡山と大阪の移動の電車で通り過ぎる地形、田畑や町、建物の変化による暮らしの変化を知ることになりました。安保闘争の名残ある大阪で通天閣下の子どもたちとあそんだり勉強をして、大阪の貧困を目の当たりにしました。ボランティアのはしりをしてわかったことです。

　そして、出会ったのが「身ぶり表現」とそれを進めておられた広岡キミエ先生でした。大阪市立住吉幼稚園に教諭となって一年目。目を見張るようなことに日々遭遇しました。子どもと自然との出会いのふしぎさ、楽しさはあのやまんばのにしきのように尽きることがありませんでした。運動会、生活発表会の取り組みは、数か月も模索しながら、失敗しながら創造の喜びを感じていました。毎年出版される園の実践のまとめ、園内研究会、園内読書会などで先輩の先生方の討議に食い入るように参加していたと思います。

平行して、目を見張ったのが本や研究会との出会いでした。身ぶりについて柳田国男、野村雅一、アンドレ・ルロア・グーラン、秋葉英則先生からピアジェ、ヴィゴツキー、中沢和子の『イメージの誕生』の講義を受け、からだ、身ぶり表現、イメージの重要性との接点を探りました。それを『身ぶり・ごっこ・劇遊び―心はじける子どもの世界―』の小冊子にまとめました。

　今回は、ダーウィンやギブソン、佐々木正人などから学び、共に「身ぶり表現・劇づくり」を研究し続けてきた、甲〆由利子さん、鳥居幸枝さん、古橋範子さん、青井郁美さん、苅野眞貴子さんの実践をまとめることができました。また、0歳1歳2歳児の様子は、4年にわたり映像で記録し、研究会を持ちながら見ることができた新金岡センター保育園の山岡喜美江さん、土田明子さん、吉住とし子さん、三浦稜介さんをはじめ皆様から多くを学ばせていただきました。

　大阪・堺・枚方・豊中・松原・門真・河内長野など各市の保育園・幼稚園での研究会では、保育者の実践を参観し、保育をさせていただいたりしながら身ぶり表現による保育の研究を続けてきました。ワークショップで保育者との劇づくりや学生との劇づくりが、総合的な劇づくりの学びになっています。

　大阪保育研究所の浅雛美根子さん、堀江直子さん、前田美子さん、上田敏夫さんには長年、保育学校や専攻科、夏季セミナー開催でお世話になり、今回のまとめに関してもいろいろ配慮していただきました。杉山隆一先生にはまとめの示唆をいただき「刊行によせて」の文章も書いていただき感謝申し上げます。また、長く保問研「文学部会」で共に歩んできた坂本美頌子さんや山田由紀子さん、「専攻科」で共に学んできた益田佐知子さんをはじめ実践研究仲間の皆さまに心よりお礼申しあげます。

　この出版にあたり、清風堂書店の奥村礼子さん、本当に自分の本を産み出すようにていねいに読み、励ましてくださり、出版の日を迎えることができました。心より感謝申し上げます。

　古希を過ぎて、尚日々新しい難問に出会い、身ぶり表現や保育に向かって走っています。そのつもりです。幼稚園での保育、大阪千代田短期大学の講義・演習、毎月の勉強会や研修会、公開保育、ワークショップで励んできたことのわずかの

まとめとなっていれば嬉しいです。本書のまとめにより、広岡先生の身ぶり表現を私なりの形で引き継ぎ、次の保育者の皆さまに手渡していきたいと思います。新しい身ぶり表現による保育の発展を期待しています。

　最後に夫正樹の援助も見えていませんが芯となって今日を迎えました。
　みなさま、ありがとうございました。

　実践し研究続けて50年「身ぶり表現」の新しき道探る
　　細き枝しならせ揺らし飛びたちぬ　光る朝へ初向の蟬よ

　2014年7月

山﨑由紀子

|資料・参考文献|

《第1章》

『ころちゃんはだんごむし』　高家博成・仲川道子作　童心社　1998
『あさがおのたねぼう』　小野美樹文・鈴木悦郎絵　ぎんのすず幼教出版　1967
『あめのひ』　ユリー・シュルヴィッツ作・矢川澄子訳　福音館書店　1972
『ようこそ　トンボの国へ』　大西伝一朗　佼成出版社　1998
『自然と遊ぼう―園庭大改造―命の営みを感じられる園庭に―』　小泉昭男　ひとなる書房　2011
『センス・オブ・ワンダー』　レイチェル・カーソン　新潮社　1996
『身ぶり・ごっこ・劇遊び―こころはじける子どもの世界―』　山﨑由紀子　フォーラムA　1998
『身ぶりからことばへ　赤ちゃんにみる私たちの起源』　麻生武　新曜社　1992
『想像と現実　子供のふり遊びの世界』　高橋たまき　ブレーン出版　1989
『子どもの想像力と創造』　ヴィゴツキー著　福井研介訳　新読書社　2002
『あめがふるひに』　イ・ヘリ文/絵・ピョン・キジャ訳　くもん出版　2005
『だるまさんが』　かがくいひろし作　ブロンズ新社　2008
『グリム童話　おおかみと七ひきのこやぎ』　フェリクス・ホフマン絵・せたていじ訳　福音館書店　1967
『変貌する子ども世界』　本田和子　中央公論新社　1999
『かたつむりのりむ』　すずのまこと文・鈴木悦郎絵　ぎんのすず幼教出版社　1971
『どんぐりとんぽろりん』　武鹿悦子作・柿本幸造絵　ひさかたチャイルド　2008
『たのしいふゆごもり』　片山令子作・片山健絵　福音館書店　1991
『豊かな保育をめざす教育課程・保育課程』　山﨑由紀子他　㈱みらい　2011
『身体論集成』　市川浩　中村雄二郎編　岩波現代文庫　2001
『ごっこから劇遊びへ―年度後半の保育の探求―』　広岡キミエ・神谷栄司編　ぎんのすず幼教出版株式会社　1994
『真実の表現をめざして』　広岡キミエ・渡辺保博　ぎんのすず　1992
『ほのおの保育物語―広岡キミエの足跡と生涯―』　笹倉明　作品社　2002
『虹をかけた保育者たち―子どもに魅せられて―』　山﨑由紀子他　かもがわ出版　2010
『幼児の内面を育てる-聞く・見る・話す・表現する現場からの保育論』　広岡キミエ　ひとなる書房　1997
『ごっこ遊び・劇遊び・子どもの創造―保育における経験と表現の世界―』　神谷栄司　法政出版　1993
『身ぶりと言葉』　アンドレ・ルロア・グーラン　ちくま書房　2012
『精神としての身体』　市川浩　講談社　1992
『生態学的視覚論』　ギブソン　サイエンス社　1986
『アフォーダンス―新しい認知の理論』　佐々木正人　岩波科学ライブラリー　1994

『からだ:認識の原点』　佐々木正人　東京大学出版会　1987
『知性はどこに生まれるか―ダーウインとアフォーダンス』　佐々木正人　講談社現代新書　1996

《第2章》

『絵本の歴史をつくった20人』　鳥越信編　創元社　1993
『でんしゃにのって』　とよたかずひこ作　アリス館　1997
『はじめてのおつかい』　筒井頼子作・林明子絵　福音館書店　1977
『かいじゅうたちのいるところ』　モーリス・センダック作/絵　冨山房　1975
『とんとんとめてくださいな』　こいでたん作・こいでやすこ絵　福音館書店　1992
『とん　ことり』　筒井頼子作・林明子絵　福音館書店　1989
『ふねなのね』　中川ひろたか文・100%ORANGE絵　ブロンズ新社　2004
『ぼくはあるいた　まっすぐまっすぐ』　マーガレット・ワイズ・ブラウン作・林明子絵・坪井郁美訳　ペンギン社　1984
『ロージーのおさんぽ』　パット・ハッチンス作/絵　偕成社　1975
『かくれんぼうさぎ』　松野正子文・古川暢子絵　文研出版　2005
『さっちゃんのまほうのて』　たばたせいいち作/絵　偕成社　1985
『かたあしだちょうのエルフ』　おのきがく文/絵　ポプラ社　1970
『雷の落ちない村』　三橋節子作　小学館　2008
『ヤクーバとライオンⅠ・Ⅱ』　ティエリー・デデュー作/絵・柳田邦男訳　講談社　2008
『ウエン王子とトラ』　チェン・ジャンホン作/絵　平岡敦訳　徳間書店　2007
『おおきなカエル　ティダルク』　加藤チャコ再話/絵　福音館書店　2005
『へえ六がんばる』　北彰介作・箕田源二郎絵　岩崎書店　1972
『おこりじぞう』　山口勇子作・四国五郎絵　金の星社　1979
『トビウオのぼうやはびょうきです』　いぬいとみこ作・濱田櫓冬絵　金の星社　1982
『エリカ奇跡のいのち』　ルース・バンダー・ジー作・柳田邦男訳　講談社　2004
『ちいさなうさこちゃん』　ディック・ブルーナ作/絵・いしいももこ訳　福音館書店　1964
『いないいないばぁ』　松谷みよ子作・瀬川康夫絵　童心社　1967
『子どもが選んだ　子どもの本』　鳥越信編　創元社　2003
「コドモノクニ」　東京社（現ハースト婦人画報）　1922-1944
「キンダーブック」　フレーベル館　1927-現在
『ばらとちょう』『かめとはち』『げげくんとぺぺくん』『つばめのおやこ』『ぶらんこけむしのぼうけん』　小野美樹　ぎんのすず幼教出版
「おはなしのにわ」　小野美樹　ぎんのすず幼教出版　昭和42年（1967）に絵本を集成　大阪千代田短期大学図書館所蔵「広岡キミエ文庫」所蔵
『新幼児ばなし三百六十五日』　上沢謙二　恒星社厚生閣　1963

『読書力』　齋藤孝　岩波新書　2002
『改訂版　子どもと保育　3歳児』　坂本美知子他　秋葉英則・白石恵理子・杉山隆一監修　大阪保育研究所編　かもがわ出版　2011
『こいのぼり』　英伸三写真・長谷川摂子文　福音館書店　1985
『絵本の力』　河合隼雄・松居直・柳田邦男　岩波書店　2001
『ちいさいおうち』　バージニア・リー・バートン作/絵・石井桃子訳　岩波書店　1965
『ウクライナ民話　てぶくろ』　エウゲーニー・M・ラチョフ作/絵・内田莉莎子訳　福音館書店　1965
『ぐりとぐら』　中川季枝子作・大村百合子絵　福音館書店　1967
『スイミー』　レオ・レオニ作/絵・谷川俊太郎訳　好学社　1969
『北欧民話　三びきのやぎのがらがらどん』　マーシャ・ブラウン絵・瀬田貞二訳　福音館書店　1965
『さんまいのおふだ』　水沢謙一再話・梶山俊夫絵　福音館書店　1985
『おおかみと七ひきのこやぎ』　ささきたずこ文・いもとようこ絵　講談社　1996
『あーんあん』　せなけいこ作/絵　福音館書店　1972
『魔女と森のともだち』　湯本香樹実作・ささめやゆき絵　理論社　2007
『龍の子太郎』　松谷みよ子作・田代三善絵　講談社　2006
『コケーナとであったチャンゴ』　やなぎやけいこ再話・野口忠行絵　福音館書店　2005
『ことばあそびうた』　谷川俊太郎作・瀬川康男絵　福音館書店　1973
『かぞえうたのほん』　岸田衿子作・スズキコージ絵　福音館書店　1990
『マザー・グースのうた』　マザー・グース詩　谷川俊太郎訳　堀内誠一絵　草思社　1975
『ほしとたんぽぽ』　金子みすゞ詩・上野紀子絵　JULA出版　1985
『汽水の蟹』　小見山輝　潮汐社　2010
『認識と言語の理論』　三浦つとむ　勁草書房　2002
『ツェラーン　言葉の身ぶりと記憶』　鍛治哲郎　鳥影社　1997
『ごろごろ　にゃーん』　長新太作/絵　福音館書店　1984

《第3章》
『虚構としての文学』　西郷竹彦　国土社　1991
『千田是也演劇対話集　上・下巻』　千田是也　未来社　1978
「演劇と教育」8月号　鈴木忠男　晩成書房　2001
『改訂版　子どもと保育　4歳児』『改訂版　子どもと保育　5歳児』　山﨑由紀子他　秋葉英則・白石恵理子・杉山隆一監修　大阪保育研究所編　かもがわ出版　2011
『ねずみのいもほり』　山下明生作・いわむらかずお絵　ひさかたチャイルド　1984
『11ぴきのねこ』　馬場のぼる作　こぐま社　1967

『おたまじゃくしの１０１ちゃん』　かこさとし作／絵　偕成社　1973
『やまんばのにしき』　松谷みよ子作・瀬川康男絵　ポプラ社　1967
『きんいろあらし』　カズコ・Ｇ・ストーン作　福音館書店　1998
『インドガンのわたり』　山﨑由紀子作　私製本
『スーホの白い馬』　大塚勇三再話・赤羽末吉絵　福音館書店　1967
『ホモ・ルーデンス』　ホイジンガ著・高橋英夫訳　中公文庫　1973
『身体感覚を取り戻す　腰・ハラ文化の再生』　斎藤孝　ＮＨＫブックス　2000
『ぶな森のなかまたち』　今村葦子作・遠藤てるよ絵　童心社　1995

《第4章》
『ことばが劈かれるとき』　竹内敏晴　ちくま文庫　1988
『おむすびころりん』　よだじゅんいち作・わたなべさぶろう絵　偕成社　1967
『さつまのおいも』　中川ひろたか作・村上康成絵　童心社　1995
『ばったのぴょんこちゃん』　高家康成・仲川道子作　童心社　2000
『ねずみのでんしゃ』　山下明生文・いわむらかずお絵　ひさかたチャイルド　1982
『てんとうむしのてんてんちゃん』　高家博成・仲川道子作　童心社　1999
『とんぼのうんどうかい』　かこさとし作／絵　偕成社　1972
『おおさむこさむ』　こいでやすこ作／絵　福音館書店　2005
『うしかたと山んば』　坪田譲治作・村上豊絵　ほるぷ出版　1986
『絵で見る日本の歴史』西村繁男作／絵　福音館書店　1985
『くものこどもたち』　ジョン・バーニンガム作／絵・谷川俊太郎訳　ほるぷ出版
　　　1997
『めっきらもっきらどおんどん』　長谷川摂子作・ふりやなな絵　福音館書店　1990
『じごくのそうべえ』　田島征彦作／絵　童心社　1978
『フィオーラとふこうのまじょ』　たなか鮎子作　講談社　2011
『詩の授業で「人間」を教える』　西郷竹彦　明治図書　2006
『対話的保育カリキュラム　下』　加藤繁美　ひとなる書房　2008
『かみなりのちびた』松野正子文・長新太絵　理論社　2005
『私の幼稚園選び』　吉田明美　「季刊保育問題研究」　新読書社　1996

※ここで紹介した絵本の内、すでに市販されていないものについては、
　著者かフォーラム・Ａにご連絡ください。

著者　山﨑　由紀子（やまさき　ゆきこ）

1942年岡山に生れる
1962年浪速短期大学保育科卒業
1962年大阪市立住吉幼稚園教諭
　　　加美北、墨江幼稚園で身ぶり表現の実践研究を行う
2002年大阪千代田短期大学専任講師
2012年大阪千代田短期大学非常勤講師
大阪保育問題研究会会員
大阪保育研究所所員　劇研究会会員
絵本塾主宰
著書『身ぶり・ごっこ・劇遊び』（フォーラム・A）
共著『豊かな保育をめざす教育課程・保育課程』『虹をかけた保育者たち』
　　『シリーズ子どもと保育4歳児』『シリーズ子どもと保育5歳児』
　　　　　　　　　　　　　　　　（いずれもかもがわ出版）

幼稚園・保育園で楽しむ
身ぶり表現・ごっこあそび・劇づくり

2014年10月20日　初版第1刷発行

著者　山﨑　由紀子
発行者　面屋　龍延
発行所　フォーラム・A

〒530-0056　大阪市北区兎我野町15-13
　　　　　　TEL 06（6365）5606
　　　　　　FAX 06（6365）5607
　　　　　　振替00970-3-127184

制作編集担当・奥村礼子

印刷・三晃社／製本・立花製本
ISBN978-4-89428-805-8　C0037